NEUF MOIS

DE

CAPTIVITÉ EN ALLEMAGNE

PAR

X***. LIEUTENANT

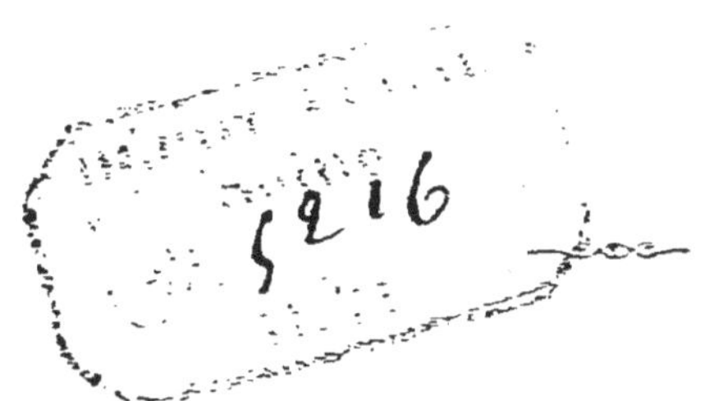

PARIS

IMPRIMERIE DE DUBUISSON ET Ce

5, RUE COQ-HÉRON, 5.

—

1871

Les prisonniers ont rapporté de captivité des renseignements nombreux, qu'il serait intéressant et utile de recueillir.

L'auteur de ce récit l'a écrit au courant de ses souvenirs, simplement et sans autre ambition que de montrer l'Allemagne et les Allemands tels qu'il les a vus.

Si quelqu'autre motif avait pu l'engager à publier ce petit volume, ce serait le plaisir de signaler à la reconnaissance de ses compatriotes les noms des personnes charitables qui n'ont pas craint de se vouer au soulagement de nos misères, et aussi un certain orgueil du devoir accompli; car, il faut qu'on le sache, notre tâche patriotique ne finissait pas à la frontière, elle grandissait; les officiers français n'y ont point failli, et captifs, loin des champs de bataille, ils ont encore servi utilement leur pays.

NEUF MOIS DE CAPTIVITÉ

EN ALLEMAGNE

I

DE CHALONS A SPANDAU.

Je faisais partie du 2e corps, commandé par le général Frossard. On sait que ce corps d'armée se trouvait tout formé au camp de Châlons au moment de la déclaration de guerre. Il fallut trois jours à la Compagnie de l'Est pour le transporter à la frontière. On partit tout joyeux, escorté tout le long de la route par l'enthousiasme de la population lorraine, qui se portait aux gares et hébergeait les soldats. Le 20 juillet, la troisième division (général de Laveaucoupet) campait aux environs de Bening-Merlebach, tandis que la 2e (général Bataille) était à Forbach, et la 1re (général Vergé) à Saint-Avold avec le quartier général. La frontière était marquée par de grosses bornes sur lesquelles étaient gravés d'un côté un P et de l'autre un F, et que nos soldats s'empressèrent de renverser. Elle suivait généralement la route de Metz à Sarrebrück qui se déroulait sur notre front. Derrière nous était la ligne parallèle du chemin de fer sur laquelle circulaient sans cesse des officiers d'état-major, qu'une locomotive entraînait à grande vitesse.

Les grand'gardes, d'abord trop rapprochées des lignes, furent portées à 600 ou 700 mètres en avant, et elles poussaient leurs petits postes et leurs sentinelles jusqu'aux crêtes d'où l'on domine les forêts infinies de la vallée de la Sarre.

Chaque homme était muni de 90 cartouches. A part cela, nous manquions de tout. Les magasins du camp de Châlons, que nous supposions abondamment approvisionnés, n'avaient pu nous donner qu'un matériel de campement incomplet ; nous n'avions ni service d'ambulances, ni voitures de bagages, ni vivres de campagne, ni approvisionnements pour la chaussure, l'armement, l'habillement, l'équipement. Les compagnies ne comptaient que 75 hommes.

Dans ces conditions, on ne pouvait oser de grandes entreprises. Le 27, la 3⁰ division exécuta une reconnaissance assez lointaine. On joignit l'ennemi ; des tirailleurs, des fourrageurs furent lancés en avant, des coups de feu furent échangés. On rentra au camp sans morts ni blessés, et très-contents de la journée, quoique bien fatigués.

Le lendemain, un orage épouvantable nous inonda. En un instant, les prairies furent changées en lacs et les ravins en torrents. Je vois encore le bataillon de chasseurs courant à la pêche de ses fusils et de ses sacs emportés à vau-l'eau. Dès que le ciel se fut rasséréné, on alluma de grands feux de bivouac sur les ilots restés secs, et l'on trouva encore moyen d'être gais.

C'est si beau le bivouac, quand de sa tente isolée l'officier contemple ces flammes qui s'élèvent dans la nuit sombre, et les chansons qui se mêlent au crépitement des étincelles, et les soldats dont les silhouettes mobiles se détachent en noir sur ce fond éclatant! Comme l'on s'endort bien sur la peau de mouton, et que de rêves dorés l'on y moissonne !...

Cependant l'Empereur était arrivé à Metz et pressait l'organisation des corps. Les dépôts nous envoyèrent les soldats de la réserve, qui portèrent les compagnies à 116 hommes. Les ambulances, les vivres, les magasins arrivèrent. Les transports furent constitués par voie de réquisition. Le 31 juillet, tout le corps d'armée commença une longue marche de flanc. D'abord la 3ᵉ division passa derrière la 2ᵉ, et vint se cacher dans les montagnes, à Œting, pendant que la 1ʳᵉ la remplaçait à Merlebach. Le lendemain, la 2ᵉ appuyait à droite jusqu'à Spicheren et était remplacée par la 1ʳᵉ à Forbach, où fut établi le quartier général.

Enfin, le 2 août, nous prîmes Sarrebrück. La division Bataille se porta directement de Spicheren contre la ville, enleva à droite le village d'Arneval, à gauche les jardins qui bordent Sarrebrück, et au centre escalada les collines qui la dominent et la protégent. Quatre-vingts mètres à gravir dans les champs de pommes de terre ! On tirait la jambe, on suait, on soufflait, on était rendu ! Les deux autres divisions marchaient en réserve. Ce fut un combat de quelques heures, dont l'issue n'était pas douteuse, vu la faiblesse numérique de l'ennemi. Cependant il n'est pas vrai, comme l'ont dit les Prussiens, que nous n'eussions devant nous qu'une compagnie d'infanterie. Ils avaient, entre autres forces, de la cavalerie, contre laquelle nos mitrailleuses firent leurs débuts, et plusieurs pièces de canon qui, de la rive droite de la Sarre, tentèrent de s'opposer à l'ascension de nos colonnes. Heureusement, les obus s'enfonçaient dans le sable sans éclater. Le combat d'artillerie dura encore quelque temps après que nos fantassins eurent couronné les hauteurs, d'où l'on jouissait d'un magnifique panorama. Un de nos artilleurs, ayant démonté une pièce ennemie à 2,500 mètres, fut chaudement félicité. Cette distance nous paraissait à tous considérable ; nous ne nous doutions pas qu'on dût bientôt faire agir le canon de campagne à 4 et 5 kilomètres.

Après la victoire, le général Frossard visita les troupes, causa avec les officiers, et nous confirma ce que la rumeur publique nous avait déjà appris, que l'Empereur s'était présenté avec son fils sur le champ de bataille. Par les questions qu'il nous faisait, nous pûmes reconnaître qu'il avait étudié son terrain et le connaissait en détail. Ce petit combat, dont il ne faut pas sans doute exagérer l'importance, avait été bien conduit, bien préparé, et nous inspira confiance à tous.

Le général Frossard ne jugea pas à propos d'occuper la ville de Sarrebrück. Cependant, sans descendre des hauteurs, on aurait pu y établir une grand'garde. On se contenta de tenir la ville et la gare sous la menace de notre canon. Il en résulta deux inconvénients. D'abord des patrouilles ennemies se hasardaient souvent en ville, pour enlever des Français isolés : mésaventure qui tomba un jour sur un correspondant du *Temps*, M. Jeannerod, dont le récit parfaitement authentique m'a été garanti par les habitants de Sarrebrück. Ensuite, des trains, filant à toute vapeur, essayèrent de passer, à la faveur de la nuit, de Sarrelouis à Bingen. Il fallut tirer dessus. Vous vous figurez la terreur des bons bourgeois réveillés en sursaut par cette canonnade. Immédiatement M. de Bismarck télégraphia dans toute l'Allemagne : « Les Français bombardent une ville ouverte ! » Mensonge le plus effronté qu'un gouvernement ait jamais osé faire. La presse allemande renchérit sur son ministre, et raconta que la ville était en flammes, avec mille horreurs. La vérité, c'est qu'en cherchant bien, on trouve près de la gare une maison égratignée par un obus. Dès que nous abandonnâmes Sarrebrück, de tous les points de l'Allemagne arrivèrent des lettres anxieuses s'informant auprès des bourgeois s'ils étaient encore en vie, et s'ils avaient pu sauver quelque portion de leur fortune. A quoi un négociant de ma connaissance répondait : « Nous ne sommes à plaindre que depuis que les Français nous ont quittés ; car ils ne nous ont pas demandé un cigare ni un sou, et, maintenant, il nous faut héberger l'armée du prince Frédéric-Charles. » Néanmoins, toute l'Allemagne raconte encore avec indignation que nous avons mis le feu à Sarrebrück pour amuser le prince impérial, et les Prussiens arguent sans cesse de ce prétexte pour justifier leurs atrocités sur nos villes et nos campagnes.

Il y avait quinze jours que nous étions en campagne, et nous manquions encore d'une foule de petits objets réglementaires, tels que marmites, hachettes, moulins à café, etc. Les distributions de vivres étaient irrégulières, le pain et la viande souvent gâtés. La section hors rang n'avait ni les outils ni les matières nécessaires pour les réparations à l'habillement, à l'armement, au campement. Cependant on nous avait toujours vanté le service de notre administration dans les grandes guerres précédentes. Nous commençâmes à nous apercevoir que c'est le soldat français qui lui a fait cette réputation. Un nouveau détachement d'hommes de la réserve fut envoyé, ce qui porta les compagnies à 126 hommes. Ces jeunes soldats nous inspiraient très-peu de confiance : il semblait aux officiers que les compagnies avaient perdu de leur solidité en devenant plus nombreuses. Malgré tout, une grande ardeur régnait dans l'armée, et nous attendions avec impatience l'ordre de passer la Sarre et de marcher en avant.

Tout à coup, le 5 août au soir, par une pluie battante, le 2ᵉ corps décampa en silence, et, après une marche des plus pénibles, par un grand détour dans les bois et les montagnes, il établit ses tentes à Forbach et à Spicheren. Quelle nuit !... Chacun se demandait la raison de cette retraite précipitée. On disait tout bas que les Prussiens avaient concentré de grandes forces dans les bois de la rive droite. On parlait vaguement d'une défaite de Mac-Mahon. Les officiers avaient beaucoup à faire pour soutenir le moral de leurs hommes succombant à la fatigue, frissonnant sous la pluie, sombres et inquiets dans cette nuit noire.

Au matin, les Prussiens innombrables, débouchant des collines que nous occupions la veille, nous attaquèrent de tous côtés. Nous avions encore des positions superbes : la division Vergé, dans la plaine, en avant de Stirling; la division Laveaucoupet, sur les hauteurs, en avant de Spicheren ; le quartier général, en arrière, à Forbach. La division Bataille, déjà en route pour se réunir au maréchal Bazaine qui arrivait par Saint-Avold, fut avertie à temps et put encore, vers le soir, envoyer une brigade à Spicheren. Les Prussiens tournèrent le général Vergé par sa gauche, le général Laveaucoupet par sa droite, au moyen des bois qu'on avait négligé d'occuper; et de front ils nous couvrirent de projectiles avec une artillerie, dont pour la première fois je pus mesurer l'énorme portée. L'armée française, enveloppée de feu, dut reculer avant que le cercle ne fût complétement fermé. Tout cela est assez méritoire de la part des Prussiens pour qu'on s'étonne à bon droit qu'ils aient voulu enjoliver leur victoire en racontant qu'ils ont pris les hauteurs d'assaut. Ce fut pourtant l'histoire officielle, et chez tous les marchands d'estampes on peut voir une gravure représentant les Prussiens enlevant le Spicherenberg (montagne de Spicheren) au pas de course. Ils ont encore enchéri ; ils prétendent que nous leur étions très-supérieurs en nombre; et pour le prouver ils comptent à notre effectif je ne sais quelles divisions du corps de Bazaine ou du corps de Failly. Leurs succès ne sont jamais à la hauteur de leur outrecuidance.

Donc, le 6 août, après le coucher du soleil, l'armée française éreintée, décimée, désordonnée, se retira sur Sarreguemines, abandonnant ses bagages et ses blessés, mais d'ailleurs sans être poursuivie. Elle avait maintenu ses positions toute la journée, ne permettant pas même aux Prussiens de déboucher des bois qu'ils avaient si facilement conquis. Ce soir-là, il manquait à mon régiment 600 hommes et 20 officiers.

J'étais au nombre de ces derniers, couché dans le village de Spicheren avec une balle dans l'épaule. Toutes les maisons s'étaient transformées en ambulances. Les paysans donnaient leurs matelas et leur linge ; les femmes bassinaient les blessures avec de l'eau fraîche ; on distribuait du bouillon, des cordiaux, des soins pleins d'amitié. Mais entre tous, nul ne fut plus admirable de dévouement que le pauvre instituteur. Comment dire la douleur de ces braves gens et les cris de colère des blessés, quand, le lendemain, on y entendit le pas lourd et l'accent rauque des hommes à casque prenant possession du village ! Toute la nuit, on avait espéré un retour offensif de l'armée française. Nos médecins, restés avec nous, le croyaient comme nous. Si elle nous eût avertis de sa retraite définitive, la moitié d'entre nous eût fait l'impossible pour la suivre. Comme on maudissait les blessures qui nous avaient retenus loin d'elle ! Les officiers, circulant dans les différentes salles, dominaient leur désespoir pour relever le moral des soldats. Cependant on se disait quelquefois entre les dents : « Nous nous sommes fait casser les os pour rien. » Insensés ! nous n'imaginions pas que plus tard nos camarades, forcés à la capitulation de Metz, de-

vaient envier les balles heureuses qui nous avaient
frappés !

Les ambulances prussiennes organisèrent leur service en un clin d'œil, et excitèrent l'admiration de nos
médecins. En matériel et en infirmiers, elles étaient
trois ou quatre fois plus considérables que les nôtres.
Je dois dire toute la vérité : ces infirmiers allemands
étaient d'une douceur parfaite. Je me souviendrai toujours d'avoir vu dans l'église, dans cette sanglante et
funèbre église de Spicheren, où les blessés s'entas-
saient, un malheureux soldat, qui, par l'effet de je ne
sais quel projectile, était devenu aveugle. A moitié fou,
il se levait parfois, et à tâtons, à quatre pattes, il er-
rait parmi ses camarades estropiés, qui poussaient des
cris d'effroi et se traînaient loin de lui. Alors les infirmiers accouraient, et, avec des soins infinis, le cal-
maient et le replaçaient sur sa paille.

Les Prussiens ne conservèrent à Spicheren que les
blessés non transportables, les autres furent envoyés
en Allemagne. C'est ainsi que je retournai à Sarrebrück. La ville entière n'était plus qu'un hôpital où se
trouvaient confondus les vaincus et les vainqueurs. A
chaque porte, on voyait la croix de Genève. Le Casino
lui-même était maintenant un lazareth, hôpital des-
servi par des sœurs protestantes. Je fus placé chez
MM. Simon, banquiers, qui avaient disposé sept ou
huit lits pour recevoir des militaires français. Comme
la salle était au rez-de-chaussée, sur la rue, on entrait
souvent nous voir. Nous n'eûmes qu'à nous louer de la
population, d'ailleurs à moitié française. La difficulté
était de se procurer des médecins et de la charpie. Il

n'en manquait pas cependant : mais aucun service n'était réglé. J'ai vu des officiers prussiens qui formulaient les mêmes plaintes.

De temps en temps, nous voyions apparaître des chevaliers johannistes, promenant leurs belles redingotes rouges et s'informant de nos besoins : on les leur disait, ils faisaient de belles promesses, et les choses continuaient à marcher aussi mal. En réalité, les autorités nous abandonnaient complétement à la charité privée.

A l'hôpital de la ville, les soins étaient plus réguliers. Mais il était si sale, si mal tenu, on avait tant de peine à s'y faire servir, que chacun préférait encore les ambulances particulières. Nous commençâmes à nous apercevoir que l'armée en Prusse absorbe toute la vie de la nation, et qu'en dehors d'elle il n'y a plus rien.

Nous restâmes ainsi quinze jours, écoutant les rumeurs prussiennes qui, tout aussi folles que les nôtres, annonçaient, après Vœrth (nommé aussi Reischoffen et Frœschwiller) et Forbach, la prise de Metz, la Révolution de Paris, la capture de Frossard, la mort de Mac-Mahon, la fin de la guerre. Nous tâchions d'attraper quelque journal français pour nous réconforter, puis, le bras ou la tête en écharpe, on allait colporter les bonnes nouvelles parmi les compatriotes plus malheureux qui ne pouvaient marcher. Et parfois c'étaient de singulières illusions : une nuit, nous entendîmes tout à coup sonner le general-marsh (la générale) ; tous les blessés se levèrent en sursaut, criant : « Pourquoi ce trouble ? sont-ce les Français qui reviennent ?...... » — Hélas !.....

Nous vîmes défiler une armée immense : d'abord celle du prince Frédéric-Charles ; puis, la garde, avec le Roi et Bismarck. Incessamment le chemin de fer déversait des troupes sur la rive droite, et aussitôt elles passaient les ponts au son du fifre et du tambour, et de leur pas rapide et fortement cadencé, allaient se répandre en France.

Oh ! ces ponts, ce chemin de fer, pourquoi ne les avions-nous pas détruits du 2 au 5 août !... La ville de Sarrebrück ne désemplissait pas de soldats, pas plus qu'un fleuve ne désemplit d'eau. Les fantassins, grands et forts, marchaient allègrement sous leur sac léger. Les cavaliers, haut perchés sur leurs chevaux bais, ne semblaient pas peser sur leurs montures. Qui a vu un de ces chevaux les a tous vus : c'est uniformément le même cheval de bois, efflanqué et raide. Le matériel de l'artillerie et du train semblait tout neuf. « Voyez, Monsieur, me disait quelqu'un, il ne manque pas un clou. Quelle armée !... A la vérité, nous savons ce que ça nous coûte. » Il me disait encore : « Napoléon Ier prophétisait à Sainte-Hélène : Dans cinquante ans, l'Europe sera républicaine ou cosaque. Il y a juste cinquante ans que votre grand empereur est mort, et voilà l'Europe en train de devenir prussienne..... ce qui est exactement la même chose que cosaque. » Réflexion que je n'ai bien comprise que plus tard, mais qui étonnerait encore si l'on ne savait que Sarrebrück est une ville libérale, que son député au Reichsrath était naguère le médecin Wirchow, ennemi particulier de Bismarck.

Le 21 août, on nous enleva, à notre grand regret, aux

soins de l'excellent M. Simon, et on nous fit monter dans les wagons de troisième classe d'un train se rendant à Bingen. Il était rempli d'officiers, sous-officiers et soldats allemands, soi-disant blessés. L'un ne semblait pas pouvoir poser le pied à terre ; mais il avait des bottes fines. L'autre nous montrait un trou de balle dans la manche de sa tunique ; mais il remuait son bras avec vigueur. Et ainsi des autres. Est-ce donc là le devoir et la conscience si vantés des Allemands ? Nous souffrions beaucoup de notre installation. Ceux qui étaient blessés au bras avaient dû se l'attacher autour du corps pour éviter le tressautement des voitures ; un de mes camarades, blessé à la jambe, implorait comme une grâce qu'on l'étendît sur la paille dans un wagon à bestiaux. Nous ne supportions qu'avec impatience les longs arrêts que le train faisait de temps en temps en pleine campagne ; nous n'arrivâmes à Bingen qu'au cœur de la nuit.

Nous espérions bien coucher là ; nous en avions tant besoin ! Quelle ne fut pas notre surprise quand l'étappen-commando (commandant d'étapes, officier chargé des militaires de passage) nous apprit qu'il fallait attendre deux heures dans la gare l'arrivée d'un second train qui nous mènerait à Coblentz ! Nous nous fâchâmes ; il y avait de quoi, n'est-ce pas ? L'officier prussien nous menaça comme si nous étions en état de lui bombarder sa ville : « Fous irez à Coplentz ! et si fous foulez pas ! ! !..... » La gare entière fut ameutée par cette scène. Tout ce que nous obtinmes fut un wagon de deuxième classe, et nous partîmes pour Coblentz.

A Coblentz, on refusa de nous recevoir, et on nous fit filer sur Cologne.

A Cologne, même comédie : on nous envoie à Magdebourg, en compagnie, il est vrai, d'un officier d'Aix-la-Chapelle, plein de prévenances et de délicatesse.

A Magdebourg, on se déclare également sans ordres, et on nous expédie sur Berlin, où nous arrivâmes le 23, à minuit, dans un état...... que vous devinez facilement.

Cette odyssée manquerait de son principal charme si j'omettais l'aventure suivante :

A Coblentz, pendant l'arrêt du train, un de nous manifesta le désir, le besoin de descendre : l'étappen-commando, à qui cette demande fut transmise, lui envoya immédiatement deux factionnaires, qui, la baïonnette au bout du fusil, le conduisirent dans le lieu consacré à ces sortes de choses. Toute la foule qui emplissait la gare les suivit et entra avec eux, curieuse sans doute de voir comment s'y prenait un officier français. Je vous prie de croire qu'il ne se gêna pas pour elle. Elle put le contempler tout à son aise. Avec ce peuple assemblé devant lui, ces trognes armées de chaque côté, je me disais que jamais Louis XIV n'avait accompli cette besogne d'une façon aussi solennelle. Et il revint à son wagon entouré du même cortége.

A Berlin, on nous conduisit au Garnison-Lazareth, hôpital de la garnison, situé à Charnhorst-strasse. Je trouvai là une nouvelle édition de l'hôpital de Sarrebrück. Nous restâmes une fois trente-six heures sans être pansés, et on ne voyait le médecin que tous les deux ou trois jours. Du reste, les soldats prussiens n'étaient pas mieux que nous. Le manque de soins de tout genre, la mauvaise odeur, les fatigues que nous venions de supporter, les ennuis, les colères, les désespoirs d'une situation imprévue dans les plus mauvais rêves, les chagrins que nous éprouvions par l'annonce des désastres successifs de la France, surtout de cet horrible Sedan, tout nous accabla tellement, que notre état marcha de mal en pis, et que je me vis pour ma part en proie à une fièvre délirante qui me conduisit à deux doigts de la mort. On m'isola d'abord sous une tente, et enfin, le 7 septembre, tout en avouant que je ne pourrais peut-être pas supporter le transport, on me confia à un cocher qui me conduisit en voiture découverte au Baracken-Lazareth.

J'ai su depuis que les autres hôpitaux de la Prusse ne valent généralement pas mieux. Même leurs ambulances, que j'avais tant admirées, ne tardèrent pas à péricliter. Les nombreux blessés que j'ai vus arriver des environs de Metz ne s'en louaient guère. J'ai connu entre autres un sous-officier français qui avait eu le fémur brisé par une balle ; on fit cicatriser la blessure sans rajuster l'os, de sorte que sa cuisse formait un angle en son milieu. Il fallut, à Berlin, le laisser d'abord un ou deux mois reprendre ses forces, puis lui ouvrir de nouveau la cuisse pour faire la résection de l'os. Les transports des blessés laissaient également beaucoup à désirer. C'étaient les wagons ordinaires que le gouvernement employait à ce service, et il abandonnait la nourriture des blessés à la charité publique, qui s'était, du reste, organisée dans toutes les gares.

Heureusement l'*Hülfs-Verein*, société de secours aux

blessés, établit des wagons à lits, disposés par compartiments, comme les cabines d'un navire, et qui effectuèrent une bonne partie des transports. D'autres observations du même genre sur les casernes, sur l'ordinaire de la troupe, nous ont prouvé le peu de soins que l'administration prussienne, en définitive, prend du soldat : le matériel de guerre fait toute sa préoccupation.

La ville de Berlin possède deux hôpitaux richement tenus : l'hôpital Augusta, protégé par la reine, et l'hôpital Saint-Edwidge, soutenu par la haute société catholique. Les premiers officiers français, provenant de Wissembourg et de Wœrth, furent placés là. Mais on se plaignit qu'ils étaient trop bien, et un beau jour on leur annonça que l'armée de Metz tirant sur les parlementaires, on ne leur devait aucun ménagement, et on les évacua sur le *Garnison-Lazareth*. Parmi les victimes de cette singulière mesure, je vois encore le pauvre capitaine Rajat, si actif, si intelligent, et qui, depuis, a été tué à Paris pendant le deuxième siége. — Cependant la place manquait de plus en plus. Alors le gouvernement affecta au service des hôpitaux *Schützen-Kaserne*, caserne des chasseurs, et *Ulanen-Kaserne*, caserne des lanciers. En même temps, la ville, le gouvernèment et la société de secours aux blessés faisaient construire au *Tempelhofer-Feld*, Champ de Mars de Berlin, un hôpital de mode américain, qui est précisément le *Baracken-Lazareth*, et qui mérite une description.

Il se compose de baraques en bois, élevées sur des pieux d'environ un mètre au-dessus de terre, et très-

aérées par de larges et nombreuses fenêtres et une
prise d'air qui règne tout le long du toit. Chaque baraque contient une salle de trente lits, une petite salle
de bains, une petite cuisine etc. Les baraques sont
disposées sur deux lignes qui se rencontrent en forme
de V. Dans la grande ouverture des deux branches
sont construits les bâtiments de l'administration, de la
cuisine, de la pharmacie, de la salle d'opérations, etc.
Cet ensemble de constructions couvrait un vaste espace
et fut réservé aux blessures graves, principalement aux
gangrènes et au typhus. Presque tous s'y sont guéris.
L'influence du grand air est quelque chose de merveilleux. Bientôt, sous le souffle perpétuel qui régnait dans
ces baraques, je sentis ma tête se dégager, le sommeil
et l'appétit revenir, enfin la vie me ressaisir avec la
même brusquerie qu'elle avait mise à vouloir m'aban-
donner. Il est juste de dire aussi que les soins médi-
caux y étaient parfaits, la ville de Berlin ayant atta-
ché à cet établissement ses premiers médecins et un
nombreux personnel, de manière à former un hôpital
modèle, que les hommes de science venaient étudier.
De plus, un comité de dames s'était fondé pour concou-
rir à cette œuvre : elles distribuaient des cigares, des
livres, des douceurs. Enfin, c'était devenu une mode
dans Berlin. Tout le monde voulait avoir fait une fois
sa visite au Tempelhofer-Feld ; et on voyait telle personne adopter une baraque qu'elle soignait à l'exclu-
sion de toute autre, qui devenait son dada, sa maison
de campagne, où, le dimanche, elle menait ses amis
et connaissances. Bien des fois nous fûmes importunés
de cet encombrement de curiosités. Des jeunes filles

s'arrêtaient droites devant nous, nous dévisageant des pieds à la tête, sans se troubler le moins du monde des positions scabreuses ou pouvaient être certains malades, ou de l'aspect douloureux que présentaient certains autres.

Mais cette manie eut aussi son bon côté. Elle servit notamment à déraciner bien des préjugés. Vous ne sauriez croire sous quelles couleurs désavantageuses nous ont peints les écrivains allemands depuis cinquante ans. A les en croire, et malheureusement beaucoup d'étrangers les ont crus sur parole, nous sommes un peuple d'une licence de mœurs et de discours, d'une légèreté de caractère et d'une fanfaronnade de paroles qui rendent notre société insupportable, aussi promptement abattus par les revers que gonflés par les plus minces succès. Quelle ne fut pas la surprise générale quand on put nous connaître ! Une dame russe passait par Berlin ; une de ses amies, à qui elle exprimait ses opinions, l'emmène pour toute réponse à Schützen-Kaserne ; et en sortant cette dame, toute transformée, disait : « Comme ils sont polis et délicats ! comme ils sont reconnaissants de ce qu'on fait pour eux ! quelle tranquillité dans le malheur ! quelle différence avec les Allemands qui les entourent !... Et puis, ajoutait-elle, rien que de les entendre parler français, ils semblent déjà plus civilisés. »

La bonne humeur, la constance, la force d'esprit avec lesquelles les Français supportaient le mal étaient le principal sujet d'étonnement. Déjà, à Sarrebrück, une sœur de charité nous avait avoué qu'elle aimait mieux nous soigner que ses compatriotes, toujours grincheux, larmoyants, souvent grossiers. Aux baraques, j'ai pu entendre un médecin dire aux Prussiens qu'il pansait : « Mais les Français ne crient pas tant que vous ! » Aveu précieux qui dut bien coûter à son orgueil ; car les médecins aimaient à faire de la politique avec nous, à nous démontrer notre mauvaise cause, notre infériorité universelle, et, tout en pansant nos blessures pour le mieux, ils ne manquaient pas de nous annoncer les nouvelles qui devaient particulièrement nous froisser. Mais nos petits soldats avaient raison de tout. Tant qu'ils étaient malades, ils se soutenaient entre eux et s'encourageaient mutuellement ; commençaient-ils à marcher, aussitôt ils aidaient les infirmiers et les sœurs dans leur service, accaparaient bien vite les trois quarts de la besogne, et finissaient par dominer leurs sauvages compagnons.

Les Prussiens constataient avec colère ces résultats. Mais les étrangers se laissaient aller au charme ; et bientôt nous comptâmes parmi les Russes, les Anglais, les Hollandais, les Suisses, les Polonais fixés à Berlin, soit par le service des ambassades, soit pour des raisons particulières, nous comptâmes, dis-je, de nombreux et dévoués amis, qui, malgré les affronts que leur faisaient souvent essuyer les administrations civiles et militaires, s'employèrent de toutes leurs forces en vue d'adoucir notre position. Parmi eux, je signale en première ligne madame d'Orapow, dont le mari est secrétaire de la légation russe, et la comtesse de Bylandt, femme de l'ambassadeur de Hollande. Jeunes et belles, amies inséparables, ces deux dames passaient toutes leurs journées au milieu des blessés. Il n'y a pas un de nos soldats ayant traversé les hôpitaux de Berlin qui ne les connaisse par leur nom et n'ait éprouvé leur bienfaisance. Je ne doute pas qu'elles aient conservé la multitude de lettres naïves que des cœurs reconnaissants leur ont adressées de tous les points de l'Allemagne : c'est le doux témoignage de leurs bienfaits, la simple récompense qu'elles en aient jamais retirée. Je me trompe : le comte de Bylandt a payé sa conduite généreuse par une disgrâce ; les rancunes éveillées à Berlin ont exigé son changement de poste. — A côté de ces personnes, je veux citer un Allemand bien connu chez nous, le baron F. de Schickler, qui, exilé de Paris par les malheurs du temps, consacrait ses loisirs aux prisonniers, tantôt courant à Leipzig, à Stettin, à Kœnigsberg, à Dantzig, à Posen, pour étudier leurs besoins ; tantôt, assis au chevet des malades, écrivant leurs lettres sous leur dictée ; et, pour les officiers, ayant toujours dans sa poche quelque journal français, écho lointain de la patrie, que nous ne lisions qu'avec des larmes et que nous nous arrachions. Que de fois j'ai entendu les Prussiens proférer contre lui des injures ! mais par derrière ; car on savait qu'il avait formé avec le comte de Pourtalès un comité protecteur des Français, approuvé de la reine. — Enfin, je dois nommer une Française, mademoiselle de Montpassan, qui, depuis huit ans, était gouvernante des enfants du prince Frédéric-Charles, et qui fut mise en vingt-quatre heures à la porte pour avoir témoigné trop vivement ses sympathies à ses compatriotes.

Une célébrité que nous avons pu voir au Baracken-Lazareth, c'est Sirokow, qui nous arriva de Moscou, se rendant à Bâle, dans un costume qui me fera rire toute ma vie. Disons, à l'honneur des Allemands, qu'ils riaient aussi du costume, mais qu'ils reçurent l'illustre chirurgien avec des honneurs tout particuliers. Il fut admis à la table de la Reine avec son vieux chapeau et son immense redingote. Il signala son court passage aux baraques en défendant de couper le pied d'un blessé dont il prédit la guérison, ce qui se vérifia.

Le 10 novembre, mon bras étant bien remis, ma blessure à peu près cicatrisée, on m'expédia à Spandau pour être soumis au régime des prisonniers de guerre.

Spandau est une laide petite ville, très-forte, à 10 kilomètres de Berlin. Il y avait là une vingtaine d'officiers provenant de Wœrth, de Forbach ou de Sedan. Ce nombre fut ensuite porté à 45 par l'arrivée d'officiers de mobiles pris à Orléans et à Péronne. Il y avait enfin 5,000 hommes de troupe, provenant surtout des capitulations de Sedan et de Metz.

Les officiers étaient libres sur parole, suivant une vieille coutume qui date de plusieurs siècles. C'est-à-dire que le vainqueur dit à son prisonnier : « Au lieu de vous enfermer entre quatre murailles, je vous laisserai la faculté de loger en ville et de vous promener dans un rayon fixe, pourvu que vous me donniez votre parole d'honneur de ne pas abuser de ma confiance. » On vit quelques hommes énergiques refuser de souscrire à ces conditions, et préférer le dur séjour des casemates : et on en cite cinq ou six qui sont parvenus à s'échapper dans ces conditions invraisemblables. Honneur à eux ! Mais la presque totalité des officiers, renonçant à un dessein qui ne pouvait être exécuté qu'à la condition de parler couramment la langue du pays et d'avoir une somme d'argent disponible, acceptèrent la liberté sur parole. Et je fis comme eux.

Le vainqueur, suivant le droit des gens, doit à ses prisonniers le logement et la nourriture. En conséquence, le gouvernement prussien casa les officiers par deux et par trois dans des chambres de caserne, peu ou point meublées. Quand les casernes étaient combles, il leur allouait par mois 5 thalers, soit 18 fr. 75, pour se loger. Pour la nourriture, il donnait par mois 12 thalers, soit 45 fr., aux lieutenants et sous-lieutenants, et le double aux capitaines.

Si l'on réfléchit que la plupart des officiers avaient tout perdu par les hasards de la campagne, qu'ils durent se fournir en Allemagne de vêtements et de linge, que l'argent n'arrivait de France que bien difficilement, que les Allemands les exploitaient indignement sous prétexte que tous les Français sont des Crésus, on comprendra dans quelle misère les fit tomber l'avarice du gouvernement prussien.

Ce fut une des excuses invoquées par ceux qui violèrent leur parole pour retourner en France. D'autres motifs étaient puisés dans les vexations que nous avions à supporter : par exemple, il fallait comparaître à l'appel tous les jours, il fallait être rentré chez soi à neuf heures du soir, il fallait laisser lire toutes les lettres qu'on écrivait ou qu'on recevait ; il fallait se résoudre non-seulement à voir arrêter celles qui déplaisaient, mais encore à être puni soi-même pour une phrase un peu verte ; il fallait saluer tous les officiers prussiens qu'on rencontrait. Ces mesures n'étaient pas appliquées partout avec la même sévérité : cela dépendait beaucoup des autorités locales. L'article du salut, notamment, fut généralement éludé. Mais celui relatif aux lettres fut très-rigoureusement exécuté ; c'étaient des Allemands ayant longtemps vécu en France qu'on préposait à cet office. A Neustadt, un capitaine ayant écrit, après la paix, « qu'il espérait bien que le bon Dieu ferait une fricassée de Guillaume et de Bismarck pour la donner à manger au diable, » il fut condamné à deux mois de prison. Quand, à toutes ces raisons de se trouver mal en Allemagne, on ajoute la colère qui gonflait nos cœurs aux récits de la guerre barbare que nous faisaient les Allemands, le désespoir d'être là-bas inutiles tandis qu'on se battait ici, et puis aussi..... il faut bien l'avouer..... l'ambition surexcitée par les promotions insensées que nécessitait en France la création d'armées nouvelles, le regret mortel de voir sa carrière perdue, finie, brisée par les causes mêmes qui auraient dû la développer et l'embellir, on conçoit qu'un grand nombre d'officiers n'aient pas eu la force de résister à la tentation, et aient faussé ce qu'un militaire doit avoir de plus sacré au monde : sa parole d'honneur.

Et encore combien en compte-t-on ? cent cinquante à peu près sur 13,000 ; 150 qui avaient peut-être des motifs secrets que nous ignorons.

A ces évasions, le gouvernement prussien répondit par les rigueurs les plus arbitraires. Il partagea les officiers en groupes de dix, dans chacun desquels tous étaient responsables de la fuite d'un seul. Il espérait ainsi que les Français exerceraient entre eux la police, et dénonceraient d'avance celui qui aurait l'intention de se sauver. Ce calcul machiavélique ne pouvait nous inspirer que du dégoût et de l'indignation.

A Spandau, notre situation était relativement douce pour trois raisons : parce que le général von Streit, qui nous commandait, est d'une humeur bienveillante : parce que nous étions en petit nombre ; et parce que notre proximité de Berlin nous plaçait immédiatement sous les yeux des hauts personnages qui s'étaient intéressés aux Français. On conçoit que, dans une ville comme Magdebourg, par exemple, où se trouvaient réunis près de 600 officiers, les règles soient plus strictes, moins relâchées, que dans ce petit·Spandau où le général nous connaissait tous par nos noms, savait nos adresses et nos habitudes. Malgré ces tempéraments, comment notre vie n'eût-elle pas été triste, quand les nouvelles qui nous arrivaient de France étaient si souvent déplorables, quand autour de nous éclatait la joie bruyante, les drapeaux et les pétards, et les illuminations et les salves d'artillerie de nos ennemis en liesse? Alors nous nous renfermions chez nous, les mains sur les oreilles, tâchant d'oublier : ou bien avec les journaux, avec les dépêches, avec les cartes, élaborant fiévreusement des plans de guerre impossibles.

Au mois de décembre cependant, on put voir toutes les figures changées : un grand souffle passa sur l'Allemagne, releva les courages abattus des Français, et plongea les Allemands dans de sinistres réflexions. Les batailles de Coulmiers et de Champigny venaient de révéler dans la France nouvelle des forces qu'on ne soupçonnait pas. Elle existait donc, cette armée de la Loire, dont de Moltke avait annoncé dix fois la dispersion! Il combattait donc, ce Paris que Bismarck prétendait ne pouvoir pas résister huit jours! Quel frémissement d'espoir nous agita tous! Et les ballons, et les pigeons! avec quel orgueil nous montrions aux Allemands humiliés les lettres qui nous arrivaient par voie atmosphérique! Ah! France unique, grande et chère patrie!... Et ce fut bien plus fort quelques jours après : voilà les Allemands qui se parlent bas, se communiquant d'un air sombre une terrible nouvelle : Trochu a fait une grande sortie et saisi 60 pièces de canon attelées! Hélas! c'était une fausse nouvelle mise en circulation par un spéculateur à la baisse! Trochu n'avait rien fait du tout, et Bismarck fit arrêter le boursier malencontreux. Il fallut reprendre nos chagrins, nos haines impuissantes, éternels sujets de nos conversations à la pension et à la *conditorei* (1) qui nous rassemblaient.

Nos rapports avec les habitants étaient très-tendus. Madame Wentzler, femme du colonel d'artillerie qui dirigeait l'arsenal, s'étant avisée de recevoir dans son salon deux ou trois officiers pour faire de la musique et parler français, ce fut un tolle universel; et madame von Streit, qui ne professait pas du tout à notre égard les mêmes sentiments que le général, son mari, lui signifia qu'elle ne remettrait plus les pieds chez elle. Le major de Chamisso, directeur des fortifications, avait parmi nous un cousin, officier de mobiles; car

---

(1) Confiserie. C'est là qu'en Allemagne on prend le café.

cette famille est d'origine française, et une branche s'est fixée en Allemagne depuis 1793. Il crut de sa dignité de lui donner l'hospitalité; mais jamais ils ne purent s'entendre, et un beau jour notre camarade le planta là, préférant partager notre modeste existence, ce dont le major était furieux.

Notre principal soulagement était d'étudier la forteresse au point de vue de la revanche future. Une monomanie de bombardement nous possédait tous. Nous ne considérions plus le paysage que dans ses rapports avec l'établissement d'une batterie. « Quel beau point de vue ! » disait-on quelquefois. « Comme d'ici on canonnerait facilement l'église et la mairie ! » L'armée française qui doit plus tard retourner contre la Prusse l'invasion qu'elle nous a fait subir n'aura qu'à se faire guider par ses anciens captifs. Elle trouvera en eux les mêmes ressources que l'armée allemande a trouvées dans ses nombreux résidents en France.

Spandau est situé au confluent du Havel et de la Sprée, qui sont larges et forment un grand nombre de dérivations. Dans la saison des pluies, la campagne au loin est inondée. Sur ces eaux infinies nagent en liberté une multitude de cygnes qui appartiennent au roi. C'est la grâce et la douceur de ce sombre Spandau, célèbre dans toute l'Allemagne par son arsenal, son champ de tir et sa citadelle.

L'arsenal emploie environ 2,000 ouvriers; il fabrique des canons et leurs affûts, qu'on essaye ensuite au champ de tir. Du mois d'octobre au mois de janvier, nous avons vu défiler les bouches à feu qu'il envoyait contre Paris; on a fabriqué tout exprès pour ce siége d'énormes mortiers rayés, qui, à peine sortis du moule, étaient pris par le chemin de fer et conduits tout d'une traite jusqu'aux plates-formes qui les attendaient à 200 lieues. La citadelle est en dehors de la ville, dans une île formée par le Havel ; c'est un quadrilatère bastionné et casematé, avec des escarpes revêtues en briques. Elle sert de prison politique et militaire. Nous y avons vu enfermer deux officiers français qui avaient voulu partir aussitôt la paix conclue, et que la police arrêta en chemin ; on les y laissa jusqu'au mois d'avril, époque où ils revinrent en France avec nous. — La ville possède une enceinte bastionnée, non revêtue, simple ouvrage en terre qui enveloppe les deux rivières. Chose bizarre, cette enceinte a deux fossés, un à l'extérieur qui la sépare du glacis, l'autre à l'intérieur qui la sépare de la place. A quelques centaines de mètres de l'enceinte sont répartis cinq ou six fortins casematés. — Ces fortifications tirent leur principale force des inondations qu'on peut à volonté déterminer tout autour sur un vaste espace. Autrefois, cela rendait la ville presque imprenable ; mais aujourd'hui, qu'importe? Les Prussiens nous ont appris qu'on ne donne plus l'assaut. On établira des batteries sur les hauteurs boisées qui sont à 3 ou 4 kilomètres, principalement celle du Bog, et on écrasera les habitants jusqu'à ce que la garnison veuille bien se rendre. Les Prussiens, qui ont si vite adopté l'artillerie à grande portée, n'ont pas eu le temps plus que nous de transformer leurs places et d'agrandir le rayon de défense. Les autres forteresses, Mayence, Coblentz, Magdebourg, etc., sont aussi en retard que Spandau.

Nous ne pouvions nous concentrer dans cet ordre d'idées : il fallait chercher des distractions. Nous pouvions souvent visiter la capitale, soit par permission, soit autrement ; nous recevions des visites nombreuses. Je profitai de ces facilités pour étendre les relations que j'avais déjà formées, étudier les Prussiens au cœur de leur puissance, et recueillir des informations sur ce qui se passait dans le reste du territoire.

II

NOS VAINQUEURS

Jusqu'à nos jours, beaucoup d'entre nous ne connaissaient l'Allemagne que par deux livres : celui de Madame de Staël et celui d'Henri Heine. Je les ai relus tous deux sur les lieux mêmes. Madame de Staël est un bien grand écrivain ; mais ce beau talent est au service de l'esprit le plus faux, le plus étroit et le plus partial. Elle a fait une œuvre de coterie : Henri Heine l'a dit, et j'y souscris. Elle a vanté l'Allemagne, comme Tacite avait vanté les Germains. Lorsque Savary, ministre de la police, interdit ce livre, il lui dit : « Votre livre n'est pas français ! » Savary avait tort d'interdire le livre dont il a ainsi doublé la réputation : mais son jugement était parfaitement juste.

L'ouvrage de Madame de Staël a eu chez nous une influence déplorable. Ses élégies sur la bonne foi allemande ont été malheureusement et longtemps acceplées par les esprits les plus éclairés. C'est pourquoi l'on voit M. de Chaudordy, dans sa célèbre lettre à M. de Bismarck, écrire cette phrase : « Je m'aperçois qu'en effet je ne connaissais pas l'Allemagne. » Et c'est pourquoi Michelet, dans sa brochure « *la France devant l'Europe* », constate avec surprise le caractère odieux que l'Allemand recèle sous sa figure bonasse. Michelet a travaillé soixante ans l'histoire et la géographie avant de faire cette découverte. Sa brochure étincelle de vérités, malheureusement exprimées dans le style haché qui lui est propre, et qui fait ressembler toutes ses œuvres à des visions de somnambule.

Or, il faut savoir que la nouvelle opinion que nous sommes en train de nous former de l'Allemagne est depuis longtemps celle de tous les autres peuples. Les Allemands sont en exécration aux Slaves, aux Magyars, aux Italiens, à tous ceux avec qui ils ont eu affaire.

D'où vient cette réprobation universelle ? On peut le découvrir en étudiant Henri Heine, non-seulement dans les reproches qu'il fait à sa patrie, mais surtout dans les éloges qu'il lui décerne.

L'Allemand n'a qu'une cervelle grossière, où le sentiment naturel du vrai et du faux existe à peine : infériorité intellectuelle qui donne pour conséquence, au point de vue moral, l'inconscience du juste et de l'injuste, et, au point de vue esthétique, l'inconscience du beau et du laid. Avec cela, boursouflé d'un orgueil incalculable, méprisant le reste du monde, et se complaisant dans l'alourdissement de son esprit, comme il se plaît dans l'alourdissement du corps produit par la fumée des pipes et la vapeur des chopes de bière. L'Allemand hait la clarté intellectuelle, comme les hiboux haïssent la clarté du jour. Son esprit ne se plaît qu'aux choses vagues et obscures. Il demande à la philosophie comme à la poésie de le faire rêvasser.

On lit dans Heine une exclamation bizarre sur « la manie de clarté qu'ont les Français, qui voudraient tout démontrer comme les mathématiques. » Il s'est élevé chez eux une nuée de philosophes transcendants, qui ont discuté, formulé, déduit, systématisé toutes les extravagances possibles et impossibles ; jusqu'à ce qu'enfin parut Hegel, qui les mit d'accord en déclarant tous les systèmes également vrais. Aussi est-ce le grand homme de l'Allemagne. De cette forme d'esprit, il résulte que l'Allemand ne s'incline que devant le fait et ne révère que la force. Tous les syllogismes de la terre sont impuissants sur lui. Les mots grandeur d'âme, honneur, générosité, philanthropie ne font rien vibrer chez lui. Vous démontrez à de jeunes femmes que les Lorrains et les Alsaciens ne sont pas Allemands, et n'ont pas envie de le devenir, elles s'écrient d'un ton tragique : « Mais il faut qu'ils le deviennent. » Vous vous plaignez des rapines de leurs officiers, qui ont amené à Berlin des ameublements complets, ou des exécutions d'otages, par lesquelles l'armée prussienne préludait aux excès de la Commune : « Eh bien, répondent-elles, c'est le droit de la guerre ! » Des blessés français à l'hôpital répondent un peu vertement aux discours ironiques de leurs compagnons prussiens : « Taisez-vous, dit le médecin, n'êtes-vous pas encore trop heureux qu'on vous nourrisse et qu'on vous soigne ! » Ils en sont encore là. A Berlin, dans les fêtes qui ont suivi la reddition de Paris, le ministère de la guerre érigea sur sa façade une immense panoplie, un trophée à la façon de Genséric, composé d'armes, de vêtements, d'équipements ramassés sur le champ de bataille, tout déchirés, poussiéreux et ensanglantés. Et on l'y laissa plusieurs jours, pour que tous les Allemands pussent en repaître leurs yeux. Ils ne sont polis et vernis qu'à la surface : dès qu'on gratte un peu, on retrouve le Vandale. La civilisation a eu seulement pour effet de les rendre casuistes et ergoteurs. Ils tiennent absolument à mettre de leur côté un raisonnement, mais d'ailleurs se contentent à peu de frais, toutes les raisons ayant pour eux la même valeur. Ce ne sont pas des hypocrites vulgaires ; non-seulement ils trompent les autres, mais ils se trompent eux-mêmes. Ils commettent le mal avec un cœur tranquille et la satisfaction d'une conscience calme. Vous avez sans doute cherché à comprendre la Marguerite de *Faust :* une jeune fille innocente et pure, qui se livre à un jeune homme qu'elle voit pour la première fois, parce qu'il lui offre beaucoup de bijoux, tue son enfant et monte au ciel. Eh bien ! cette Gretchen, c'est le type de l'Allemagne.

Causez avec des Russes, des Polonais, des Italiens, causez avec n'importe qui de n'importe quel peuple, vous trouvez dans vos raisonnements des points communs, vous pouvez vous entendre. Avec un Allemand. jamais. Je disais à quelques-uns de ceux qui nous reprochaient notre immixtion dans les affaires allemandes : « Vous prétendez que les débats de la Prusse avec la Saxe, le Hanovre, la Bavière, etc., sont des débats entre Allemands, dont le monde ne doit pas se mêler. Que diriez-vous si nous annexions la Belgique et la Suisse, sous prétexte que ces États parlent français, et si nous prétendions que ce sont là également des affaires d'intérieur ? » — « Ce n'est pas la même chose, » répondaient-ils. — « Vous prétendez, leur disais-je encore, combattre au nom des nationalités, et vous réclamez Metz et Strasbourg comme ayant fait autrefois partie de l'Allemagne. Soit. Mais alors restituez le Schleswig qui est scandinave, et la Posnanie qui est polonaise. » — « Ce n'est pas la même chose, » répondaient-ils toujours. Et chaque fois ils entamaient des dissertations embrouillées. Non, ces gens-là ont le crâne fait autrement que le reste des hommes. Leur manie d'obscurité est telle que Heine a écrit, et qu'un Allemand avouait devant moi à Taine avant la guerre, « que leurs philosophes Kant, Fichte, etc., sont bien plus intelligibles dans les traductions françaises que dans l'original. »

Madame de Staël, qui veut absolument tout admirer chez ses amis d'outre-Rhin, prétend que c'est là encore un résultat de leur bonhomie foncière. Chaque auteur, sachant qu'il peut compter sur la patience et la réflexion de ses lecteurs, s'abandonne sans crainte aux divagations les plus profondes. — Il eût mieux valu dire la vérité, qui est celle-ci : en Allemagne, il faut se donner de la peine pour comprendre, tandis que chez les autres peuples on s'en donne pour se faire comprendre.

Ceci me rappelle la boutade d'un de mes amis : « Ne me parlez pas d'un peuple qui met le verbe à la fin de ses phrases. » C'est qu'en effet la construction si compliquée de leur idiome n'a d'autre motif que leur aversion pour tout ce qui est net et précis.

Ce qui nous a longtemps trompés sur la bonhomie des Allemands, c'est leur esprit d'obéissance. Quand le maître a parlé, personne n'oserait mettre en doute ni sa véracité ni son infaillibilité. Lorsque nous leur faisions toucher du doigt les mensonges de leurs dépèches; par exemple, en leur faisant comparer les pertes avouées, avec les convois de blessés qu'amenaient les chemins de fer; ou bien, si l'un de leurs amis, revenant de Sarrebrück, annonçait qu'en effet, comme nous l'avions dit, la ville était entière; lorsque nous leur prouvions, par notre vie journalière, que nous ne sommes pas ce que disent leurs journalistes et leurs romanciers, c'est-à-dire un peuple de pourris, perdu d'impiétés et de débauches; ils secouaient la tête et cherchaient quelque explication. Ne serait-ce pas un commencement de révolte que de discuter des affirmations officielles? Dans une de ses dépêches, le Roi raconte que la landwehr a repoussé l'armée de Metz à coups de crosse : vous ne trouverez pas un soldat ayant assisté au combat, pour douter de la parole royale. Leurs supérieurs leur disent qu'ils nous ont battus à coups de crosse, ils sont persuadés de l'avoir fait sans s'en apercevoir.

Ça a été du reste leur manie pendant cette guerre, de se donner ainsi du genre héroïque. Ils traitaient d'assassins nos francs-tireurs; et je ne sais que les garibaldiens qu'ils injuriassent autant, surtout depuis le coup de main de Châtillon-sur-Seine, qui souleva dans toute l'Allemagne la plus violente indignation. Jugez un peu : surprendre et tuer des militaires pendant le sommeil ! est-ce qu'eux, Prussiens, ont jamais commis une vilenie pareille? est-ce qu'on peut comparer à cela le massacre à distance et à coups de canon d'une population inoffensive, ce qui constitue un bombardement ? Et nous ne pûmes jamais leur faire avouer que cette guerre de francs-tireurs, qu'ils nous reprochaient sans cesse, est pourtant chez eux régulière et inscrite dans la loi du landsturm.

Leur humilité dans l'obéissance n'est égalée que par leur arrogance dans le commandement. La moindre résistance les met en fureur. A Spandau, des officiers prussiens ont souffleté des sous-officiers français. Au moment du départ de quelques prisonniers, un sous-officier prussien ne pouvant se faire jour assez vite à travers les camarades qui leur disaient adieu, tira son sabre et éventra le premier soldat français qui se trouvait devant lui : un beau garçon, qui ne reverra jamais la France ! Et le général von Streit, auprès de qui les officiers français allèrent réclamer contre ces actes odieux, répondit sans se départir de sa douceur habituelle : « Que voulez-vous ? C'est la discipline prussienne. Un officier qui n'est pas capable d'enfoncer son épée dans la poitrine de l'homme qui hésite à lui obéir n'est pas digne d'être officier prussien. » On voit dans quel ordre de sentiments prend sa source la discipline prussienne. Ce n'est point du tout l'idée du devoir qui en est le principe ; c'est l'idée de la soumission. Cette discipline fut inaugurée par Frédéric II pour ses armées composées de bandits, de déserteurs et de prisonniers qu'il enrôlait de force. Ne tentons pas de l'introduire en France, comme on l'a malheureusement proposé. Elle régit également l'armée russe. C'est pour avoir tenté un coup pareil que le comte de Saint-Germain, en 1787, vit toutes ses réformes tourner contre lui. Avec notre vieille discipline, telle qu'elle se retrouvait encore dans la belle armée de Metz, nous avons vaincu les Prussiens en 1792 et 1806, les Russes en 1805, 1087, 1854. Tenons-nous-y.

Un des gros griefs des Prussiens contre nous, c'est, disaient-ils, «que nous ne voulions pas nous reconnaître vaincus.» Ces gens-là auraient voulu que nous fussions à leurs genoux, les glorifiant et les implorant comme des demi-dieux. Aussi ne pouvaient-ils admirer l'héroïsme avec lequel la France supportait ses échecs successifs. Des Nassoviens disaient à un officier français : «Puisque vous êtes vaincus, pourquoi ne vous soumettez-vous pas? Nous, nous n'aimons pas les Prussiens ; mais ils nous ont vaincus en 1866, nous sommes donc soumis et marchons avec eux. » Et toute la presse allemande déchainée demandait avec des cris de rage qu'on détruisît ce Paris qui avait l'insolence de résister au victorieux Guillaume.

Et la pudeur germanique?... Nous en avait-on assez rebattu les oreilles?... Là-bas, tout le monde s'embrasse sur la bouche, en pleine rue et en plein midi, frères et sœurs, enfants et parents, simples amis. Nos baisers sur les joues, sur le front, sur la main, ils sont incapables d'en comprendre la délicate réserve. Les rendez-vous sont à peu près publics. Lorsque vous rentrez chez vous, à la brune, vous êtes surpris de rencontrer des groupes enlacés jusque sur le palier de votre escalier : et ils ne se dérangent pas d'une ligne. Les brasseries, desservies par de jeunes femmes, sont des établissements effrontés dont en France on ne pourrait retrouver les analogues ailleurs qu'à Mourmelon. Berlin possède plusieurs bals splendides, un entre autres, qui se nomme l'Orphéum, où l'on ne manque pas de conduire les étrangers, et qui nous a scandalisés, nous autres échappés du Prado.

A Hambourg, il y a une rue que les Français ont surnommée l'Aquarium, et que je n'ose décrire. Mais l'Allemand s'abandonne à ses passions en parlant de pudeur et de vergiss-mein-nicht, et comme il a respecté le mot, il s'imagine avoir pratiqué la chose. Toujours Gretchen !...

Il est vrai de dire cependant que ces passions sont plus rares et moins vives que chez nous. Entre une femme et un verre de schnaps, l'Allemand n'hésite jamais : il choisit le schnaps. L'ardeur de tempérament et la galanterie distinguent au contraire les races latines et slaves. Même dans les villes qu'ils livraient au pillage, on a rarement vu les soldats allemands violenter le sexe; ils tuaient souvent les femmes, mais ils ne violaient que les caves.

Le seul sentiment qui soit chez eux fort et vivace, c'est l'orgueil de la nationalité. La plus grande stupéfaction que vous puissiez causer à un Allemand n'est pas de lui dire : « la France est supérieure à l'Allemagne »; il attribue ce jugement à votre vanité bien connue. Mais dites-lui : « l'Italie est la patrie originaire des arts, et nous ne sommes que ses élèves, quoique nous pensions aujourd'hui l'avoir égalée. Les Anglais ont été les éducateurs politiques de l'Europe, et c'est chez eux que nos penseurs du dix-huitième siècle ont puisé les principes de liberté. » Vous verrez l'Allemand, hébété, ouvrir les yeux sans comprendre. Cette façon générale de juger les choses ne peut lui entrer en tête; il rapporte tout à l'Allemagne, centre et pivot de l'univers, seule contrée magnifique, vertueuse, instruite, artiste. Un officier allemand entend chanter un soldat français : il le loue, et ajoute que le chanteur mérite d'autant plus d'éloges que la langue française est rebelle à la mélodie. Vous croyez peut-être qu'il veut comparer notre langue à la langue italienne, pas du tout, il la compare à la sienne, à la langue du ia! Une femme disait à un expulsé de Paris : « Eh! quoi, vous êtes Allemand, et vous trouvez Paris plus beau que Berlin! mais alors vous n'êtes pas Allemand. » Un officier prussien trouvait Berlin non-seulement aussi beau, mais aussi *grand!* Il semble pourtant qu'il n'y aurait qu'à mesurer; cela ne fait rien, l'Allemand vous entame un raisonnement, et rit de pitié de voir que vous n'êtes pas convaincu. Leurs journaux impriment sérieusement, carrément, « que le dernier de leurs caporaux en sait plus long que n'importe quel officier français. » Et je me souviens encore de la stupéfaction du commandant de Berlin, le général von Canstein, à qui je rappelais le rôle qu'il a joué dans la campagne de 1866. Il ne se croyait pas si illustre. « Comment, vous avez étudié ces détails? — Mais, mon général, tous les officiers français connaissent ces détails! »

Malheureusement leurs diatribes ont trouvé quelque écho parmi nous, parce qu'on a comparé les états-majors des deux nations sans réfléchir à la différence ue leur recrutement. Il faut songer que l'état-major prussien représente l'élite de l'armée. Mais quand on compare l'ensemble des cadres de part et d'autre, on s'aperçoit que nous les valons bien. En histoire notamment,ils ont un genre d'instruction au moins singulier. Tous les Allemands sont prêts à vous dire que les Français sont leurs ennemis héréditaires depuis dix siècles ; que nous leur avons toujours cherché querelle, y compris, jé crois, en 1792. Vous les accusez d'ambition ? quelle calomnie!..... D'avoir injustement attaqué le Danemark en 1864, l'Autriche en 1866?..... vous ignorez les documents ! Tandis que nous n'avons jamais dissimulé nos fautes et nos crimes, que nos livres adjurent sans cesse les générations modernes de se conduire mieux que leurs aînées, les Allemands se considèrent comme d'éternels petits saints et nous mettraient volontiers sur le dos l'assassinat des ambassadeurs de Rastadt.

A propos de leur connaissance des langues étrangères, on les a trop vantés. Beaucoup d'entre eux écorchent le français, surtout depuis qu'ils sont chez nous ; mais nous aussi là-bas nous écorchions l'allemand.C'est, si je ne me trompe, entre le général commandant à Magdebourg et le sous-préfet de Mézières qu'il détenait prisonnier, que s'est tenue la conversation suivante. Le général lui parle allemand. « Je comprends mal cette langue,» dit le sous-préfet. «Ah! s'écrie le général dans un français fantaisiste que je renonce à transcrire, voilà bien ces Français ignorants, trop légers pour apprendre une langue étrangère! » — « Mon général, outre ma langue ; je parle l'anglais et l'italien. Et vous!...... » — « Moi?..... mais je parle le français. — « Le français !..... vous vous imaginez parler le français!... nous sommes assez intelligents pour deviner ce que vous voulez dire, voilà toute votre science. »

Une observation curieuse, à ce propos, c'est que certains auteurs français sont plus populaires chez eux que chez nous. C'est à Berlin que pour la première fois j'ai lu le Diogène de Félix Pyat : croiriez-vous qu'on l'explique dans les gymnasium (les colléges)?... Félix Pyat partage cet honneur avec Ponsard. Mais les mêmes personnes qui me citaient ces deux auteurs, ignoraient jusqu'aux noms d'Edmond About et de George Sand.

Dès que nous commencions à fréquenter un Allemand il ne manquait pas de nous dire : « Voilà assez longtemps que vous vivez parmi nous ; quelle est votre impression? » Dans les premiers mois, nous conformant aux règles de la politesse, nous répondions en ne citant que les objets où ils méritent des louanges. Ils ne manquaient pas de prendre acte de cette condescendance pour nous dire avec un air douceâtre : « Nous espérons que vous pourrez bientôt revoir votre patrie ; la France doit être aujourd'hui guérie de sa vanité et vouloir la paix. Voyez-vous, c'est M. Thiers qui est le véritable auteur de cette guerre ; il vous a monté la tête à tous par son histoire fantastique du Consulat et de l'Empire, et les victoires imaginaires qu'il y raconte. Mais pour que la France soit en état de lutter contre l'Allemagne, il faudrait d'abord que la famille y fût plus respectée et la faculté de génération plus puissante. Enfin je pense que nous serons maintenant bons amis : voulez-

vous accepter des cigares ? » — Révoltés de telles gros-
sièretés, nous finîmes par leur avouer que nous éprouvions la plus profonde désillusion, et que nous trouvions
la civilisation allemande très au-dessous de ce qu'on
nous avait enseigné.

L'Allemagne du Nord, du Rhin à la Vistule, n'est
qu'une plaine de sable, où croissent les pins, les sei-
gles et les pommes de terre. Vous traversez la Westphalie, le Hanovre, le Brandebourg, c'est toujours la
même plaine, infinie et monotone. Les eaux sont abon-
dantes ; les fleuves coulent au ras de terre et se répan-
dent dans les campagnes en formant des canaux et des
étangs. Les navires semblent de loin voguer en pleins
champs. Dans les prairies paissent des troupeaux de
bœufs tachetés blanc et noir, comme si tout dans ce
pays, devait être marqué aux couleurs prussiennes. Les
villages sont rares. En Westphalie, de Dusseldorf à
Minden, ils ont un aspect particulièrement désolé ; le
pays entièrement livré à l'industrie du fer et de la
houille, ne s'inquiète pas de ce qui fait la grâce et la
joie de la vie. La population de cet immense territoire est misérable, vivant du pain noir le plus gros-
sier, de graisse de porc et de pommes de terre. Dans
les grands jours, on mange de l'oie, très-commune
dans ces parages. Ce qui rend le bas peuple repous-
sant, c'est son habitude d'être toujours vêtu d'une redingote de drap. La blouse de nos ouvriers est un vê-
tement de travail ; quand elle est sale, on se dit qu'elle
est faite pour cela, et on la lave. Si elle se déchire, il
n'en coûte pas cher pour la remplacer. Mais quand
vous voyez l'Allemand sortir de l'atelier en redingote

luisante de crasse, vous ne sauriez croire le dégoût qu'il inspire. Nos soldats eux-mêmes étaient écœurés de la saleté de leurs gardiens. Quant à la haute classe, à ces officiers prussiens si bien peignés et pommadés, qui ont toujours dans leur poche une petite brosse pour lisser leurs accroche-cœurs, voici une anecdote qui vous édifiera sur leur compte. A Spandau, ville de 10,000 à 12,000 habitants, avec une grosse garnison prise dans la garde, il y a un établissement de bains. Je concevais qu'il fût fermé pendant l'hiver, le grand froid obstruant les conduits. Mais dès février le dégel commença, et en mars, par un beau soleil, je me présentai au bureau. « Ah ! monsieur, me dit-on, nous n'ouvrons pas avant le mois de mai, car nous n'aurions pas assez de monde. »

Vous comprenez que pour ces gens-là, les privations de la guerre n'existent pas, et qu'au contraire une expédition dans le plantureux pays de France a dû leur paraître la plus alléchante des bonnes fortunes.

Les nombreux cours d'eau qui arrosent le pays servent prodigieusement le commerce pendant l'été, et ont en hiver un autre avantage. Alors toute la population se rend sur la glace pour patiner. C'est le Corso des villes méridionales. Dès que les enfants, filles ou garçons, se tiennent sur leurs jambes, on leur attache des patins aux pieds : aussi tous sont-ils adroits à cet exercice. Les femmes sont particulièrement gracieuses. Nous avions tous pris goût à ces réunions sur la glace.

Sur un réseau d'étroites rivières formées par la Sprée, est situé Berlin. C'est assurément une grande et belle ville. Les rues sont très larges, très longues et très droites. Il y a une statue équestre de Frédéric II, fort remarquable, sur piédestal de bronze, et placée en bonne perspective. Mais les monuments, tout en briques, sont généralement recouverts d'un vilain ciment jaune sur lequel on trace des raies pour simuler des pierres de taille. Par l'effet du temps, le ciment s'écaille, et les monuments paraissent affligés de dartres hideuses. Avec ce système de construction, il ne peut plus y avoir de riches sculptures ni de reliefs saillants. Ces monuments ont la grâce et l'élégance d'un gros pavé. A cela, les Prussiens répondent : « Vous ne les aimez pas parce que vous autres Français n'aimez pas le style simple ; nos monuments sont dans le plus pur style grec. » Ils se connaissent en style grec comme en style ogival, dont il y a à Berlin quelques mauvais pastiches, et qu'ils appellent *alt Deutsch* (vieil allemand). Quand on a la fortanterie de science des Allemands, on devrait au moins savoir que l'architecture ogivale appartient à toute la chrétienté et fut appliquée en Europe par une corporation internationale. Lorsque les Allemands veulent orner leurs maisons, leurs hôtels, d'une façon un peu recherchée, ils ne trouvent rien de mieux à y adapter que des créneaux et des machicoulis. La quantité de bâtiments crénelés est infinie.

Les principaux monuments de Berlin sont la Synagogue, très élégante, en style oriental ; l'Hôtel de Ville, tout neuf, tout rouge, ogives et arcades mélangées ; le Palais Royal, du 18ᵉ siècle, très lourd ; mais il a une vieille façade de la Renaissance, qui plonge dans la Sprée, et produit un effet pittoresque, le seul qu'on rencontre dans ce Berlin trop correct. Nous nous imaginions que les Allemands aiment le pittoresque ; nous avons été bien détrompés quand nous avons vu l'orgueil avec lequel ils parlent de leur capitale et le mépris dans lequel ils tiennent des villes bien plus curieuses, telles que Hambourg et Cologne. Enfin, je dois citer la gloire des Berlinois, le Musée, en style grec. Il est décoré sur sa façade de deux immenses fresques par Cornélius, à l'instar des baraques de foire. C'est une confusion de personnages plats, raides, de toutes couleurs, dans laquelle il est impossible de distinguer, à quelque distance qu'on se place, ni un groupe, ni un effet de lumière. Le musée est rempli d'œuvres allemandes de cette force : mais il y a un Corrége et un Rembrandt qui l'illuminent. Et puis, ne soyons pas injustes, il y a aussi sur les murailles du grand escalier six grandes peintures de Kaulbach, qui sont superbes : comment cet Allemand a-t-il consenti à se mettre à l'école des maitres italiens et flamands ?...

La grande promenade de Berlin s'appelle *Unter den Linden* (sous les tilleuls). Elle remplace à la fois nos boulevards et nos Champs-Elysées. A l'extrémité se dresse le *Brand burger Thor* (sorte de Brandebourg), comme chez nous l'Arc de l'Etoile, et au delà s'étend le *Thier garten* (Jardin des animaux), comme chez nous le Bois de Boulogne. Mais de tels rapprochements font pitié. Et de même celui qu'on fait sans cesse de Postdam avec Versailles.

Postdam est à quinze kilomètres environ de Berlin, dans une situation charmante, sur les bords d'un lac formé par le Havel. Dans la ville il y a un palais royal, bâti par Frédéric le Grand, et beaucoup plus beau que

celui de Berlin : mais il n'est guère habité que pour les
réceptions de gala. Dans la campagne, loin du lac ro-
mantique, sont deux autres châteaux construits par
Frédéric : Sans-Souci et *Neu-Palast* (Palais-Neuf), celui-ci habité aujourd'hui par le prince royal, et celui-là
par la reine veuve. Ces trois châteaux sont en style
Louis XV, décorés de tableaux par Watteau, Pater,
Lancrey et autres contemporains. Il y a, à *Neu-Palast*,
une salle de coquillages et de cristaux, d'une origina-
lité et d'une richesse surprenantes. Tout cela est très-
joli ; mais tout cela est l'œuvre d'artistes français. Du
reste, jamais homme n'estima moins son pays que l'illustre fondateur de la Prusse. — A Sans-Souci, on
court naturellement au fameux moulin. Il est superbe,
ce moulin, très-grand, avec un balcon circulaire, un
vrai moulin de fantaisie royale. Tellement qu'après
l'avoir bien considéré, on se demande tout pensif si la
légende a été faite pour le moulin, ou le moulin pour
la légende. Ce n'est pas là un moulin naturel. Non loin
se trouve une galerie de tableaux, dont un particulier
fit présent à Frédéric-Guillaume III ; elle est bien plus
riche que le Musée ; on n'y voit que des merveilles, Ti-
tien, Rubens, Van-Dyck, etc. Les Titiens vaudraient à
eux seuls le voyage de Prusse.

Sur une colline qui domine le lac et un magnifique
horizon, le roi actuel, Guillaume Ier, a fait bâtir son
aire. C'est un château en style du quinzième siècle,
tout rempli des têtes de cerfs, d'élans, de buffles et de
sangliers, tués par le roi dans ses chasses. Il vit là comme un vieux burgrave, au milieu des bois, sans un jardin, presque sans routes. L'entrée du palais n'est

qu'une poterne. La vie de ce roi est d'une simplicité étonnante. Voilà trente ans qu'il se sert de la même canne, un bâton qu'il a coupé lui-même dans la forêt. Les salles de réceptions sont très-belles, car on sait combien le style flamboyant prête à la décoration; mais ses appartements privés ne se composent guère que de deux pièces : sa chambre à coucher et le cabinet de travail où il reçoit ses ministres. C'était sa femme de chambre, sa bonne, qui nous faisait voir son petit lit, sa petite table de toilette, avec une cuvette grande comme une noix de coco, un petit bout de savon et une grosse éponge noire..... l'éponge de ses pères, probablement ! Avec quelle complaisance la bonne femme nous faisait admirer la médiocrité de cet intérieur ! « Madame, lui dis-je gravement, je me contenterais du lit, car je suis soldat et célibataire ;... mais je ne me contenterais pas de la cuvette ! »

Est-ce mépris du faste, est-ce avarice? Je ne sais; mais dans toutes ses actions, Guillaume Ier présente ce cachet un peu rustique. Ainsi à Berlin, il a cédé le grand palais au prince Frédéric-Charles, qui y a rassemblé une belle collection d'armes; mais pour lui il habite une sorte d'hôtel attenant à la bibliothèque, et situé sur la promenade des *Linden*. Un drapeau, une sentinelle, voilà à peu près tout ce qui distingue cette maison de celles qui l'avoisinent. Le sultan lui ayant donné un cheval arabe, il l'a vendu : ce qui m'a même procuré le plaisir de le monter. Il a fait cadeau à Bismarck d'une vieille maison mal commode, dont on dit celui-ci très-ennuyé. La reine Augusta, voulant récompenser quelques dames qui s'étaient distinguées par leur dévouement aux blessés, leur donna à chacune une brochure qui représente la croix rouge, et qui doit bien valoir un thaler. Et toute la noblesse suit le même genre de vie. Le luxe de Frédéric II détonne aujourd'hui. Dans les magasins, si vous voyez de jolis bijoux, de beaux meubles, ou même simplement des articles de toilette un peu riches, soyez sûrs qu'ils sont destinés à quelque étranger, à quelque nom des ambassades. Quant aux personnages de la cour, les marchands ne parlent qu'avec désespoir de leur sordide économie. Et voilà pourquoi ils nous ont pris tant de pendules.

Berlin possède deux théâtres subventionnés, *Opernhaus* (Opéra), et *Schauspielhaus* (Théâtre dramatique), et cinq ou six autres, lyriques ou dramatiques. Notre littérature comme notre musique tiennent la plus grande place dans leur répertoire. Pendant que j'étais à Berlin, le succès du jour était *Froufrou*. Le *Verre d'eau*, de Scribe, est aussi connu là-bas que chez nous. N'espérez pas néanmoins qu'aucun Allemand avouera la supériorité de notre scène. Pour la musique, c'est bien pis. Tous les Allemands ne vous parleront qu'avec dérision de la musique française : ce qui n'empêche que Gounod, Adam, Auber, Hérold couvrent leurs affiches les trois quarts du temps. Mais quelle exécution, mon Dieu ! Vos charmantes mélodies, sont-elles assez massacrées par ces bouches hérissées de consonnes et d'aspirations gutturales ! On croirait à une parodie. L'*Opernhaus*, dont ils sont très fiers, offre en effet une mise en scène, des ballets réglés par Taglioni, et un bon orchestre; mais il n'y a qu'une seule et même troupe pour le grand opéra et l'opéra-comique.

C'est le même ténor, Niemann, la même cantatrice, Lucca, qui chantent le *Prophète* et *Fra-Diavolo*, les *Diamants de la Couronne* et le *Tannhauser*. Naturellement les Prussiens proclament ces deux artistes les premiers du monde. En réalité, la Lucca est une gentille petite chanteuse qui parvient à faire plaisir parce qu'elle prononce l'allemand aussi peu que possible, et Niemann est un grand diable qui ne serait pas supporté sur nos bonnes scènes de province.

Et nos opérettes?... La presse allemande nous a-t-elle assez vilipendés à cause d'elles?... Or il y a à Berlin un théâtre fort coquet, le *Friedrich-Wilhelmsstœdtische-Theater* (théâtre de la ville de Frédéric-Guillaume), dont la fortune s'est faite avec l'Offenbach, qu'il joue presque exclusivement.

Berlin a ses concerts Bilse, comme nous avons nos concerts Pasdeloup. Croyez-vous qu'on y joue comme chez nous les symphonies de Beethoven et de Haydn? Allons donc. On donne une valse de Strauss, l'ouverture de *Guillaume Tell*, une fantaisie sur les *Huguenots*, et des polkas pour brocher sur le tout. Pendant la semaine sainte, le Conservatoire a donné la *Passion*, de Sébastien Bach. C'est une œuvre singulière, l'évangile de saint Mathieu mis en musique, avec chœurs, soli et orchestre. On la chante à Berlin une fois par an, comme on fait chez nous du *Stabat Mater*, de Rossini. Les auditeurs avaient consciencieusement apporté la partition. Quel ne fut pas mon étonnement de m'apercevoir qu'ils dormaient dessus! Je ne les en blâme pas, car cette *Passion* dure trois mortelles heures. Mais en sortant de là, l'Allemand n'en déclare pas moins qu'en fait de musique il n'y a que la musique sacrée, en fait de musique sacrée que le vieux Bach, et qu'il n'y a que l'Allemand au monde pour goûter l'un et l'autre.

Ce n'est pas vrai, l'Allemand n'est pas musicien, mais pas du tout. Jamais vous n'entendrez un Allemand vous fredonner un air d'opéra: le bas peuple ne connaît absolument que trois ou quatre chansons, fort laides, et qu'il braille à satiété, tandis que parmi nos soldats nous trouvions facilement assez de talents pour monter des chœurs, chanter des duos ou des romances. Vous avez entendu leurs fanfares de cavalerie et d'infanterie : est-il rien de plus affreux !

Le piano est très-répandu, mais ils en tapotent horriblement. Dans toutes les brasseries, vous en remarquèrez un, où, régulièrement tous les soirs, un habitué vient jouer un morceau qu'il est parvenu à retenir, qu'il joue ainsi quotidiennement jusqu'à la consommation de ses jours, et que les autres habitués écoutent religieusement parce qu'il a été enseigné que les Allemands adorent la musique. Eh bien ! dans le fond, l'Allemand ne sent que le tapage rhythmé. La mélodie, ni l'harmonie ne l'ont jamais touché ; mais battez-lui la caisse avec accompagnement de fifre, et comme les nègres de nos colonies et les ours de nos montagnes, vous verrez sa grosse face s'épanouir et tout son corps danser. Aussi sont-ce les instruments nationaux. A chaque réjouissance publique, tous les enfants se rassemblent pour chanter *Die Wacht am Rhein* (La garde du Rhin), et sifflent du fifre et battent la caisse comme des lapins savants.

Et c'est pour cela que, de même qu'il a trouvé en

nôtre siècle béni un philosophe selon son génie dans Hegel, le peuple allemand a rencontré enfin un musicien selon son cœur dans Wagner.

Savez-vous ce qui a fait aux Allemands leur réputation musicale et autre? Ce sont les Alsaciens. Nous avons benoîtement appliqué aux peuples d'outre-Rhin les vertus et les qualités de nos frères d'Alsace : de là tant d'erreurs. Non! l'association de la clarinette et du trombone n'est pas une invention allemande. Cette révélation est moins grotesque qu'elle n'en **a** l'air.

Des observations qui précèdent, quoique superficielles, il résulte, je crois, qu'à tous les points de vue, sentiments, logique, morale, goût artistique, l'Allemand est un être inférieur; que ses vertus ne sont que dans les mots, qu'il a seulement des prétentions énormes et des admirations de commande.

Sans doute, on trouvera des exceptions. Le journal satirique d'outre-Rhin, le *Kladderadatch*, m'a quelquefois étonné par la justesse de ses réflexions. Voici une de ses caricatures. D'un côté, on voit Napoléon III, fumant son cigare dans les jardins de Wilhelmshohe, pendant qu'une sentinelle allemande lui présente les armes; et au-dessous est écrit : « Pour avoir voulu enlever une province à l'Allemagne. » De l'autre côté, on voit Jacobi dans un cachot, et au-dessous est écrit : « Pour n'avoir pas voulu enlever de province à la France. » — Cela serait hardi chez nous, parce que le sens pratique de cette antithèse serait immédiatement compris de l'immense population. En Prusse, le gouvernement peut laisser faire impunément : les bourgeois sourient et ne s'en émeuvent pas plus que d'un calembour.

Peut-être que le caractère que je viens d'esquisser ne se rapporte-t-il qu'à l'Allemagne du Nord, que seule j'ai pu étudier directement; mais l'air de famille doit se retrouver au Sud. A la vérité, j'ai éprouvé quelque étonnement lorsqu'à mon retour en France j'ai trouvé aux gares de chemins de fer les garnisons wurtembergeoises. La petite taille, la tenue coquette, l'allure vive et dégagée des soldats, les rapprochaient bien plus des Français que des Prussiens. Je n'imaginais pas que les différences physiques fussent si profondes entre le Nord et le Midi. Malgré cela, les rapports que j'ai pu constater me prouvent que le même égoïsme naïf, les mêmes vanités envieuses, les mêmes facilités de conscience et de raisonnement règnent sur le Danube comme sur l'Elbe et l'Oder. Nos prisonniers n'ont pas été mieux traités en Bavière qu'en Poméranie. Lorsque nos villes ont cru trouver plus d'humanité chez les Bavarois que chez les Prussiens, c'est que les deux peuples étaient en présence et se jalousaient.

Cependant, on m'a appris qu'il faut faire une exception pour les provinces rhénanes. Il y a là des mœurs à part dans un pays charmant, parsemé de vignobles. Les Rhénans sont des Français germanisés; ils ont des franchises spéciales, que d'ailleurs le gouvernement de Berlin ne cherche pas à détruire. Tandis que partout ailleurs on nous narguait, nous insultait, ces populations avaient des politesses délicates pour les officiers prisonniers. Ce ne sont pas elles qui seraient venues leur crier : « Paris capout ! » en les regardant sous le nez ;

qui auraient laissé le *Spandauer-Zeilung* (journal de
Spandau) traiter d'antipatriotiques les personnes qu'on
voyait causer avec nous sur la glace ; qui auraient ex-
posé, comme à Berlin, d'ignobles caricatures contre
les femmes qui se rendaient au-devant des convois de
blessés. La persistance du sang primitif est quelque
chose d'extraordinaire. Au point de vue de l'ethnolo-
gie comme de la géographie, la vallée de la Moselle
n'est que le prolongement de la France. Le Rhin sépare
véritablement deux mondes ; il faut le voir pour le bien
comprendre. Ce n'est pas une nappe d'eau bienfai-
sante, débordant sur ses rives, arrosant les prairies,
irriguant les campagnes : c'est un fossé terrible, profon-
dément encaissé, et les villes construites sur l'escarpe
de ses bords, de Strasbourg à Cologne, sont autant de
forteresses naturelles que la main de l'homme n'a eu
qu'à perfectionner. Il n'y a pas plus de ponts sur le
Rhin qu'il n'y a de passages dans les Alpes.

Les provinces baltiques sont pour la Russie ce que
la rive gauche du Rhin est pour nous : un territoire où
les Allemands se sont infiltrés peu à peu, qu'ils rem-
plissent aujourd'hui, qu'ils menacaient hautement
d'accaparer. Seulement la Russie tient la terre entre
ses griffes, tandis que nous nous sommes laissé arracher la nôtre en 1815. La race tudesque s'étend sur le
globe comme une tache d'huile ; ses progrès sont im-
perceptibles, mais continus ; elle a passé par-dessus le
Rhin à l'ouest ; par-dessus l'Eider au nord ; par-dessus
le Niemen à l'est ; par-dessus les Alpes au sud ; elle
infeste le Danemark, la Hollande, la Belgique, le
Luxembourg, l'Alsace, la Suisse, le Tyrol, la Bohême,

la Pologne, la Courlande. Où s'arrètera-t-elle ? Elle a déjà passé les mers, et ses enfants ont su exciter les Etats-Unis contre nous pendant cette funeste guerre.

Cette émigration est redoutable en ce que l'Allemand n'est pas assimilable. Sa résignation aux plus rudes travaux, aux plus grossiers aliments, aux traitements les plus durs, le fait d'abord aimer, jusqu'au jour où, s'étant procréé une légion d'enfants, il dépouille son apparente douceur, montre les dents, et dit : « Je suis Allemand ! » Comment agir sur cette *bête brute*? Par la raison ? il ne comprend que l'argument de la force, les autres ne sont pour lui qu'un jeu d'esprit. Par le sentiment? il n'a qu'une fibre sensible, l'orgueil de sa race. Si vous êtes le plus faible, il faut donc céder.

La Russie les supporte parce qu'ils sont chez elle les instruments de la civilisation. Elle attend avec impatience le jour où elle sera assez instruite elle-même pour s'en passer et les jeter par-dessus la frontière. La Hongrie, l'Italie sont parvenues à s'en débarrasser. Le Danemark et la France les ont vus réclamer et annexer comme leurs les provinces où on avait eu la candeur de les laisser s'établir. Ce sont eux qui les premiers ont proposé le partage de la Pologne ; depuis la consommation de cette grande iniquité, ils se sont répandus dans le pays, achetant les terres des nobles pauvres, supplantant les propriétaires émigrés, arrondissant la tache d'huile; tellement qu'aujourd'hui la Russie se demande si elle n'est pas punie par où elle a péché, et si le royaume de Pologne ne serait pas une barrière nécessaire contre le pangermanisme.

Qu'est-ce qui rend donc le peuple allemand si redou-

table? Comment, avec des qualités individuelles si mes-
quines, s'est-il élevé à ce haut degré de puissance?
Comment nous a-t-il infligé les plus terribles revers
que jamais une nation ait essuyés? — D'abord par les
défauts mêmes que j'ai énumérés, et qui sont pour lui
une force, puisqu'ils dégagent sa volonté de tout scru-
pule et de toute réticence. Ensuite par l'immensité de
ressources que lui prête un système militaire qui en-
globe toutes les forces vives de la nation.

Je ne sais plus qui me disait : « L'Allemagne vous a
fait la guerre par des moyens révolutionnaires ; seulement chez elle ces moyens sont régularisés et inscrits
dans les lois. »

Voilà ce qu'il faut admirer en Allemagne, voilà ce
qu'il y a de magnifique : l'organisation.

Organisation militaire enrégimentant toute la population avec ses métiers divers, organisation de l'instruction, inculquant à cette population les mêmes opinions, voilà les deux leviers avec lesquels l'Allemagne
non-seulement nous a vaincus, mais espère vaincre le
monde.

Vers la fin de la guerre, alors qu'elle avait inondé la
France de 1,200,000 hommes, qu'elle avait levé les derniers bans de la landwher et les premiers du landsturm, l'Allemagne regorgeait encore de soldats. Et
c'était merveilleux de voir les nouvelles levées, recrues
ou vieilles moustaches, habillées, équipées, armées en
vingt-quatre heures. Un régiment partait aujourd'hui
pour la France ; le lendemain il n'y paraissait pas, et
vous aperceviez toujours la même quantité d'uniformes
dans les rues, et vous trouviez les casernes toujours

aussi peuplées. Les magasins militaires semblaient iné-
puisables comme la troupe. C'était effrayant. Aussi devant ce développement de puissance, inouï dans les
annales du globe, la plupart d'entre nous avaient-ils
désespéré d'avance du salut de la patrie.

L'homme qui dirigeait ce vaste ensemble administratif était le ministre de la guerre, général von Roon. On
le dit très-vexé de se voir complétement éclipsé, non-
seulement par Moltke et Bismarck, mais encore par
tous les généraux qui marchaient sous ses ordres : Blu-
menthal, Voigts-Rhetz, Gœben, Manteuffel, le Badois
Werder, le Bavarois von der Tann, et même Kamecke,
le général qui se vante de nous avoir battus à coups de
crosse.

Bien souvent, pendant que j'étais en Allemagne, j'ai
comparé ce peuple aux anciens Romains. Il en a l'éner-
gique organisation, la politique sans scrupules, l'âpreté
au butin, le culte de la force, l'impitoyable discipline,
le génie administratif et militaire, la conviction d'être
prédestiné à la domination du monde, la volonté d'y
arriver par tous les moyens. Mais les Romains mépri-
saient tous les arts qu'ils ne possédaient pas ; les Allemands, au contraire, se croient supérieurs en cela
comme en toutes choses.

III

LA LUTTE DES CAPTIFS ET DES GEOLIERS

L'irritation produite chez les Allemands en voyant leur absolue supériorité niée par les prisonniers français, niée par les étrangers qui apprenaient à nous connaître, se traduisit par les actes les plus odieux. Au lieu de nous laisser abattre, nous nous étions servis de notre malheur même pour les étudier, les juger et les mépriser, pour conquérir des sympathies et faire revenir le monde sur l'opinion qu'il avait conçue de nous ; la France combattante et la France prisonnière semblaient s'entendre à travers les espaces pour protester contre le destin et se grandir par la lutte : ce fut pour les Allemands un crève-cœur qui les poussa de plus en plus dans la voie de compression et de terrorisme où ils s'étaient engagés.

Leurs journaux ne cachèrent plus la volonté de détruire cette civilisation française dont les oreilles leur tintaient sans cesse, surtout ce Paris dont la splendeur semblait vouloir survivre à leurs efforts. Le roi fut accusé de modérantisme ; on attribua à ses scrupules le retard apporté au bombardement, et l'on demanda hautement son retour, afin que les généraux restassent seuls pour exécuter l'œuvre de vengeance et renverser la Babylone moderne. Impuissants à égaler cette su prème beauté, ce charme, cette gràce, ce bon goùt, cette ampleur et cette majesté qui distinguent l'infinie variété de nos chefs-d'œuvre, ils voulaient du moins qu'ils disparussent, afin de rester sans conteste le premier peuple de l'univers, et que Berlin fùt la grande capitale. Vous avez pu connaître en France les effets de cette basse envie et de cette rage sourde. Le comte de Vogué, prisonnier à Magdebourg, me racontait que, dans le château d'un de ses amis, ils avaient dépareillé tous les ouvrages de la bibliothèque. N'est-ce pas là un vandalisme savant et raffiné qui les peint d'un seul trait?

En même temps, ils s'attaquaient cruellement aux personnes qui osaient nous témoigner de l'intérèt.

D'abord, la presse de Berlin, cette presse si pudibonde, qui ne parle du *Figaro* qu'en se signant trois fois, n'eut pas honte de répandre des accusations infàmes sur les visites que les dames les plus respectables rendaient aux prisonniers français.

Puis des mots on en vint aux coups.

Au mois d'octobre, madame Dering, en compagnie de plusieurs autres personnes, se présenta au camp de Spandau, apportant aux pauvres troupiers des consolations et du tabac. Madame Dering semblait appelée par sa position autant que par son caractère à cette œuvre de bienfaisance. L'ambassade anglaise était chargée des intérêts français; et M. Dering, premier secrétaire de l'ambassade, avait spécialement la direction de ce service, qu'il remplissait avec une complaisance et une activité dignes de reconnaissance.— Madame Dering commençait donc sa charitable mission, lorsque les soldats prussiens, qui formaient le poste de garde, se jetèrent sur elle, lui arrachèrent sa boîte de cigares, et l'un d'eux la souffleta!!...

Toute la presse de Spandau et de Berlin applaudit à l'acte de ce soldat, et déclara qu'il avait bien fait.

Et l'Angleterre, que dit-elle?... l'Angleterre qui a mis souvent le feu aux quatre coins de l'Orient pour moins que cela?... L'Anglerre!... on lui déclara que le soldat avait été puni, et elle se crut encore obligée de remercier.

Une autre fois, le comte de Wodzinski, avec sa cousine et sa nièce, distribuait également des secours au camp de Spandau. La générosité de cette noble famille a été admirable durant tout le temps que nous sommes restés en Allemagne. Pendant que d'un côté ils employaient leur fortune à soulager les simples soldats, de l'autre leur maison était ouverte aux officiers, suivant l'antique mode d'hospitalité. — La garde prussienne se jeta sur eux, les brutalisa ; ils durent remonter précipitamment en voiture, poursuivis dans les rues par la population, qui les insultait. — Mademoiselle de Wodzinska se vengea magnifiquement. Un soir, tout Berlin put voir la belle jeune fille, dans une loge de l'Opéra, parée de rubans aux couleurs françaises!.... Quel émoi! on en parlait encore à mon départ.

Poursuivant nos amis au delà de l'Allemagne, le gouvernement prussien, après avoir excité sa meute de journaux contre la neutralité bienveillante qu'exerçait à notre égard la Belgique et le Luxembourg, adressa à ces deux petits pays des représentations diplomatiques, auxquelles nécessairement ils durent se soumettre. Des démarches dans le même sens réussirent également auprès de l'Autriche et de la Suisse. Quant au gouvernement russe, il ne cachait pas son hostilité, et remettait sans pitié aux mains prussiennes tout prisonnier français réfugié sur son territoire.

Or, dans ces circonstances, les officiers français dirigèrent contre la politique de M. de Bismarck une attaque directe, qui constitue l'événement le plus extraordinaire de notre captivité.

Monsieur Granier de Cassagnac avait fondé à Bruxelles, vers le mois d'octobre, un journal, le *Drapeau*, qui soutenait cette thèse : La paix est immédiatement possible, à une condition : c'est que Guillaume Ier traite avec Napoléon III. Alors celui-ci rentrera en France à la tête de sa vieille et fidèle armée pour rétablir l'ordre et renverser le gouvernement du 4 septembre.

Le *Drapeau* fut répandu gratuitement parmi les prisonniers à des milliers d'exemplaires. Or, depuis un mois environ aucun journal français ne pénétrait en Allemagne. L'indemnité si large dont jouissait le *Drapeau*, les facilités qu'il rencontrait auprès des autorités, rendaient évidente la complicité du gouvernement prussien. Cela voulait dire : « Voilà ma doctrine. Voulez-vous m'aider dans une restauration bonapartiste, et nous faisons le pacte tout de suite. » Il y avait donc là une invite grossière et qui nous indigna. Car enfin nous ne savions que trop à quel prix la paix pouvait être achetée. La cession territoriale exigée par M. de Bismarck le 28 janvier, n'est que le minimum des prétentions de l'Allemagne ; déjà depuis longtemps des cartes étaient partout affichées, où nous pouvions com-

parer la frontière de la Meuse, réclamée par toute la
presse, avec la frontière actuelle, appelée frontière de
Moltke, que celui-ci présentait comme seule nécessaire.
Ceux qui s'imaginent qu'à un moment quelconque de la
guerre on pouvait obtenir des conditions plus douces,
se font de singulières illusions. « Vous ne nous pardon-
nerez jamais Sedan, nous disaient les hommes les plus
modérés : aussi devons-nous prendre nos précautions
pour rendre toute revanche impossible. » Mais la masse
n'avait pas besoin de ce raisonnement. Depuis 1866
elle convoitait l'Alsace et la Lorraine, et lorsque la
guerre éclata, elle se précipita tout entière, en chan-
tant les strophes de Arndt, avec l'intention bien arrêtée
d'assouvir enfin ses désirs. Si Guillaume Ier était rentré
à Berlin sans ces deux provinces, il aurait eu probablement le même sort que Napoléon III. Aussi celui-ci
est-il coupable, non d'avoir déclaré la guerre, mais de
l'avoir déclarée en temps inopportun. Tous nos vœux,
tous nos cœurs étaient avec ces armées improvisées
qui, par leur résistance à outrance, sauvaient alors
l'honneur national, et plusieurs fois balancèrent la victoire ; notre désespoir était d'être retenus loin d'elles,
de ne point partager leur gloire et leurs dangers. Ah !
ceux qui regrettent cette héroïque obstination ne
voient que les milliards qu'elle nous a coûtés ; ils n'a-
perçoivent pas l'effet immense produit à l'étranger, la
stupéfaction du monde apprenant que la France dé-
sarmée ne demandait pas encore merci, mais tirait
de son sein des ressources inattendues, et luttait encore cinq mois après Sedan et trois mois après Metz !
Au loin, à l'étranger, les détails, les défauts parti-

culiers disparaissent, on ne distingue que les grandes lignes. Eh bien, là bas, sachez-le bien, Gambetta paraissait un colosse, parce qu'il était l'incarnation de la défense nationale. Quant à l'empereur Napoléon, il n'y avait qu'un cri dans toute l'armée : « Comment cet homme a-t-il consenti à vivre ! » Il se serait fait tuer à Sedan que tout lui était pardonné. Mais il vivait, et, qui plus est, il songeait à reprendre son trône !.... et avec notre aide !.... et c'est M. de Bismarck qui venait nous proposer le marché !!!.... Mais pour qui nous prend-on?... D'un bout à l'autre de l'Allemagne, sans qu'on ait songé à s'entendre, la même pensée s'éveilla daus tous les esprits avec un merveilleux ensemble. De chaque garnison partirent en secret, pour l'*Indépendance belge*, des protestations signées, déclarant que notre épée appartenait à ceux qui défendaient le sol natal, et qui refusaient de souscrire à son démembrement tant qu'il restait une espérance. Aux citoyens libres, non à nous captifs, de déterminer le moment de la soumission nécessaire. L'*Indépendance belge*, depuis Sedan, soutenait la cause française avec un talent et une énergie qui nous la faisaient évidemment rechercher. Elle publia successivement, à partir du mois de novembre, onze ou douze listes, contenant chacune de 700 à 800 noms d'officiers, appartenant à tous les grades et à toutes les armes. Ce fut l'arrêt de mort du *Drapeau*, qu'on ne revit plus.

Le gouvernement prussien ne sut pas cacher sa colère et avoua par là qu'il était en échec. L'*Indépendance belge* fut défendue à tous les prisonniers, ce qui fut facilement exécutable, puisque rien ne nous arrivait que par l'entremise des généraux prussiens ; il devint même impossible de se la procurer à Berlin dans aucun établissement public, même chez Spargnapani, le *conditor* (confiseur), où l'on trouve tous les journaux du globe. En revanche, on se mit à nous distribuer une feuille jaune appelée la *Correspondance de Berlin*, rédigée depuis trois ans dans cette ville, par je ne sais quel Français perdu, qui n'osa jamais signer son nom et qui imprimait que nous n'étions qu'une armée de brigands, que nos médecins tuaient les blessés prussiens à coups de revolver, et que toutes les représailles étaient justes contre nous. Et les autorités prussiennes ne manquaient pas de faire ressortir leur attention délicate à nous procurer des nouvelles de France. Lorsque des soldats ou des officiers leur faisaient comprendre qu'ils les dispenseraient volontiers de pareils soins, elles marquaient un grand étonnement. Le bon général von Streit se mit même en colère, ce qui ne lui arriva que cette seule fois : « Vous voulez lire l'*Indépendance belge* qui ne contient que des horreurs contre nous, et vous ne voulez pas lire un journal qui raconte la simple vérité !... »

Toutefois, la mesure ne put être appliquée à Spandau aussi rigoureusement qu'ailleurs, parce que le gouvernement n'ayant pas en définitive défendu l'entrée de l'indépendance en Allemagne, nos amis de Berlin nous la remettaient de la main à la main. Le général von Streit le comprit bien, et laissa dormir une interdiction qui n'était qu'illusoire.

Les autres journaux étrangers rédigés en notre langue, tels que l'*Echo du Parlement*, le *Journal de*

Bruxelles, le *Nord*, le *Journal de Genève* et le *Journal de Saint-Pétersbourg*, sans être aussi iniques que la *Correspondance de Berlin*, nous étaient cependant hostiles , et ne furent jamais l'objet d'une prohibition. D'ailleurs, ils étaient très-peu répandus.

Mais ces incidents d'une guerre pacifique soutenue par les prisonniers à l'intérieur de la Prusse, n'étaient rien auprès du rêve caressé par un grand nombre : une insurrection générale.

Nous y avons souvent songé ; et même dans certaines garnisons on fut bien près d'un commencement d'exécution. Mais la chose était impossible. On s'en convaincra en examinant les conditions d'existence de nos soldats.

Les prisonniers étaient groupés très-irrégulièrement. Ainsi, tandis qu'il y avait 1,000 hommes à Prenzlau, il y en avait 5,000 à Spandau, 10,000 à Glogau, 15,000 à Stettin, 20,000 à Vittemberg, 30,000 à Magdebourg, 40,000 à Mayence. Le nombre des officiers n'étaient nullement proportionné à celui de la troupe. Par exemple, à Breslau, il y avait 400 officiers et pas un soldat. Toutes les armes et tous les régiments étaient confondus pêle-mêle, de manière à ne laisser subsister aucune trace d'organisation militaire. Chaque groupement était partagé en compagnies de 500 hommes, commandées chacune par un officier et un ou deux sous-officiers prussiens. Les sous-officiers français, mêlés à la troupe, vivaient de sa vie et n'avaient aucune autorité sur elle. Toute espèce de relations avec le dehors était très-surveillée : on ne pouvait sortir du camp qu'accompagné par un planton prussien ; les personnes étrangères n'y pouvaient entrer que munies d'un laissez-passer du général ; et enfin cette entrée était interdite aux officiers français : interdiction, dont il est vrai, on trouvait quelquefois moyen de faire fléchir la rigueur. Les compagnies n'étaient pas reunies en un seul grand camp, mais fort dispersées. Ainsi, par exemple, sur 11 compagnies qui formaient l'agglomération de Spandau, 4 étaient réunies dans un camp à l'ouest de la ville, sous les remparts ; 2 dans un autre camp, à l'est ; 2 autres, à quatre ou cinq kilomètres de là, dans de grandes baraques qui servaient autrefois de dépôt de sel ; 2 autres étaient à l'intérieur des bastions dans des baraques affectées en temps de siége au casernement des troupes ; enfin, la dernière occupait les casemates de la citadelle et de deux fortins. — En un mot, les Prussiens étaient sur le qui-vive ; ils avaient bien pris leurs précautions et laissaient voir une inquiétude continuelle à ce sujet. Il aurait fallu qu'un officier s'abouchât quand même avec les sous-officiers qui avaient réussi à maintenir leur influence morale ; et que ceux-ci alors, chacun dans leurs compagnies, refissent une hiérarchie militaire avec les éléments disparates qu'ils avaient sous la main, de telle sorte qu'au premier signal la compagnie tout entière marchât avec ses cadres. Or, l'armée de Sedan nous arriva en Allemagne dans un état de décomposition et d'abattement complet. L'armée de Metz, qui la suivit, malgré deux mois terribles, passés dans la boue et dans la famine, avait encore une cohésion puissante et la tenue martiale ; elle parlait avec fierté des grandes batailles qu'elle avait livrées, avec douleur de la capitulation finale dont

elle rejetait toute la honte sur le maréchal Bazaine : là
dessus, officiers et soldats étaient d'accord. Mais le régime des prisonniers était trop favorable à l'indiscipline
pour ne pas détruire bientôt ce bel ensemble.

Les mauvais sujets criaient fort et marchaient tête
levée; quelques-uns s'étaient arrangés avec les Prussiens pour mener une vie plus douce. Fomenter une
conjuration était donc au moins très-difficile. On ris-
quait fort d'être découvert avant qu'elle n'éclatât: c'est
ce qui arriva en effet, dans je ne sais plus quelle ville
de Saxe.

Mais admettons qu'elle eût réussi. Voici quelle aurait
été sa marche. Une belle nuit, toutes les compagnies sou-
levées massacrent les postes qui leur servent de garde,
s'emparent de leurs armes et de leurs cartouches, puis
se dirigent sur la ville par des routes déterminées à
l'avance pour surprendre à la même heure les différentes casernes, en massacrer la garnison et s'emparer
également de leurs armes. On coupe les fils télégraphi-
ques, on coupe le chemin de fer, on occupe les portes,
on réquisitionne les chevaux et mille objets nécessaires, on incendie l'arsenal, la poudrerie, etc. Puis on
s'organise en infanterie et cavalerie, même en artillerie
si l'on peut, les officiers se partagent les commande-
ments, et l'on se met en marche sur un autre campement, Magdebourg, pour le soulever à son tour. A
moins qu'on ne veuille attaquer Berlin; mais je pré-
fère Magdebourg.

C'est bien grave, tout cela. Beaucoup, parmi les officiers comme parmi la troupe, ne voudront jamais se
lancer dans une pareille aventure, qui deviendra for-

cément une guerre atroce sans quartier ni merci. Des officiers se demanderont si nous avons bien le droit, étant libres sur parole, de porter à la Prusse ce coup de Jarnac. Puis la confiance que les chefs du mouvement mettent en leurs propres capacités, ne sera sans doute pas partagée par tout le monde. C'est bien grave, mais ce n'est rien encore auprès de ce qui reste à faire.

Magdebourg, naturellement, a été averti et se met en défense. Le général von Falkenstein, qui n'est pas loin, rôdant sur les bords de la mer du Nord et de la Baltique, lorgnant la flotte française, Falkenstein arrive avec son armée...... Des batailles à la grâce de Dieu. En cas de défaite, pas un refuge.

On voit qu'une entreprise aussi considérable n'avait de chances de réussite qu'à deux conditions : ou bien une entente de toutes les agglomérations de prisonniers ; ou bien la présence d'une armée française au sein de l'Allemagne.

Si déjà le complot de quelques compagnies a paru impossible aux officiers présents sur les lieux qui se sont occupés de la question, on juge ce que devait être le complot de 350,000 Français. Les Prussiens d'ailleurs montrèrent sous ce rapport la plus grande vigilance. Des arrestations eurent lieu sous l'inculpation d'avoir caché des armes dans des vêtements distribués aux soldats, ou d'avoir entretenu des intelligences avec eux. Il est vrai que jamais rien ne fut bien prouvé. Mais ce qu'il y a de très-curieux, c'est que parmi les personnes arrêtées on remarque plusieurs prêtres venus de France, et un agent avoué du gouvernement de

Tours, le docteur Mercier. Celui-ci avait fait faire dans plusieurs garnisons un relevé nominatif des prisonniers, avec mention du régiment et du département auxquels ils appartenaient. Ces états étaient ensuite envoyés à Spandau où il avait établi un bureau central composé d'un officier et de plusieurs sous-officiers français. M. Mercier voulait étendre ces opérations à toute l'Allemagne lorsque nous apprîmes son emprisonnement, et l'ordre donné au bureau de Spandau de se dissoudre et de livrer tous ses papiers.

Quant à la seconde condition, elle eût pu être remplie de deux manières : soit par un débarquement de notre flotte, soit par la réussite de l'expédition de Bourbaki. — Gambetta aurait-il donc songé à nous dans ses combinaisons?... et ses agents n'étaient-ils que les éclaireurs de Bourbaki?..... Toute lueur d'espoir s'étant éteinte, les esprits réfléchis ne songèrent qu'à calmer les imaginations trop exaltées.

Cependant, comme il faut tout prévoir, quelques officiers s'occupèrent dans chaque garnison de préparer un plan, pour le cas où quelque événement fortuit, soulevant nos soldats, on se trouverait entraîné malgré soi dans une folie héroïque. Cet événement faillit se produire plusieurs fois, grâce à la brutalité de nos geôliers. Par exemple, à Erfurth, les Prussiens, un jour, attachèrent au poteau trois soldats français coupables d'une escapade : cette punition ignominieuse est très en usage dans l'armée prussienne; mais nos soldats ne purent la supporter, délivrèrent leurs camarades, et il s'ensuivit une rixe dans laquelle il y eut des morts et des blessés. Des faits analogues eurent lieu partout. Mais chaque fois, heureusement, on parvint à modérer les colères de part et d'autre. Les Prussiens comprenaient bien quel eût été le danger de nous pousser à bout, et bien souvent cette crainte les retint. Du jour où leurs armées sont rentrées en Allemagne, où ils se sont sentis tout à fait rassurés contre les coups du désespoir, ils se sont montrés plus durs et plus inhumains que jamais.

Donc, répudiant toute velléité belliqueuse, nous portâmes toute notre activité vers l'amélioration du sort de nos soldats. Les prisonniers campés furent d'abord établis sous la tente, puis, quand vint l'hiver, dans de longues baraques, formées d'une carcasse en bois revêtue ·de carton goudronné. Chacune de ces carcasses pouvait contenir cent hommes et était munie de deux poêles. Les hommes couchaient sur la paille. L'humidité des neiges et des pluies suintant à travers ces légères parois, se combinait avec l'effet réfrigérant d'un sol sablonneux, pour faire de ces locaux un séjour des plus malsains. Or, nos pauvres troupiers manquaient souvent des vêtements les plus indispensables. Des maladies nombreuses, phthisie, petite vérole et typhus, se déclarèrent, et tous les jours en emportaient quelques-uns. Vers le mois de décembre, le gouvernement prussien leur distribua des châlits en bois qui permettaient d'isoler la paille du sol, et des toiles pour la réunir en paillasse. Mais il laissa toujours en souffrance l'habillement et la chaussure. Cependant il avait saisi nos magasins militaires ; il lui était donc bien facile de satisfaire à toutes les exigences. Sur les instances générales, il monta à Spandau un atelier de tailleurs

)our confectionner des pantalons avec le drap rouge
·apporté de France et distribua quelques paires de
)ottes. C'était une goutte d'eau dans la mer. Il fallait
évidemment s'adresser ailleurs.

Les officiers se cotisèrent, et avec ce qu'ils purent
·assembler d'argent, achetèrent tricots, caleçons, gants,
chaussettes et cravates de laine, puis un peu plus tard
des chemises et des souliers quand on vit que le gouvernement prussien, après six mois, n'accomplissait pas,
sous ce rapport, son strict devoir. Les personnes géné-
reuses que j'ai déjà nommées au courant de cette relation,
et d'autres encore, apportèrent leur gros contingent.
Les prisonniers de Mayence se souviennent toujours de
ce qu'ils doivent sous ce rapport à la maréchale de Mac
Mahon. Mais tout cela ne suffisait pas, et un appel fut a-
dressé aux pays étrangers. Bientôt la Russie, la Suisse, la
Belgique, la Hollande et la France qui, malgré sa cruelle
misère, n'oubliait pas les besoins de ses enfants exilés,
organisèrent de grandes souscriptions, et envoyèrent
des monceaux de vêtements. Une famille de commer-
çants français, M. et Mme Benois, établie depuis longtemps à Berlin, fut le principal correspondant de ces
charités lointaines. Que de fois nous les avons vus tra-
verser les camps avec leur grandes voitures qu'on vi-
dait en un instant! Aussi une fois, à Dantzick, M. Benois
fut-il arrêté et détenu, puis heureusement bientôt re-
lâché. Une autre fois, à Juterbock, le commandant de
place ne voulut jamais le laisser pénétrer parmi les
prisonniers, malgré toutes les autorisations ministé-
rielles qu'il put exhiber; il fallut laisser les dons de
secours entre les mains des autorités prussiennes, qui

s'engagèrent à les distribuer ; mais Dieu sait ce qu'il en advint. De même, à Erfurth, à Coblentz, le général se chargeait de tous les secours ; ce qui n'a jamais inspiré aux donataires qu'une très-médiocre confiance. A Magdebourg, des barriques de vins étant arrivées pour les hôpitaux, le général offrit sa cave pour les remiser ; mais une fois engagées là dedans, il fallut les négociations les plus longues et les moins amicales pour les en retirer.

Dans le principe, ce fut un vrai gaspillage. Les distributions faites en plein air, à la foule assemblée, ne s'adressaient pas toujours aux plus nécessiteux, et souvent gratifiaient trois ou quatre fois le même individu. Les soldats s'arrachaient les vêtements en bousculant les distributeurs, et puis allaient les revendre aux Prussiens pour s'acheter du tabac et des boissons. Les officiers prussiens, ne connaissant ni les hommes ni la langue, ne pouvaient rien contre un tel désordre, et d'ailleurs n'en prenaient nul souci. Il devenait nécessaire d'établir un contrôle, une comptabilité sévère. Alors les officiers français organisèrent des comités qui résolurent ce problème, à travers mille déboires, mille entraves, créées d'un côté par la défiance jalouse du gouvernement prussien, de l'autre par l'indiscipline de nos soldats qui réclamaient arrogamment, s'imaginant que tous ces dons leur étaient dus et qu'on les volait. Chaque comité d'ailleurs, pour fonctionner, se réglait sur les circonstances particulières au milieu desquelles il vivait. Parmi ces comités, je citerai celui de Breslau, présidé par le colonel baron de Reinach, et opérant pour toute la Silésie ; celui de Stettin, dont le capitaine

Rajat était le membre principal, et celui de Magdebourg, présidé par le colonel Weissemburger. Ils
avaient des rapports mensuels et trimestriels, qu'ils
faisaient lithographier à plusieurs exemplaires, et
qu'ils pouvaient publier. Rien n'est plus intéressant.
La situation pénible des sous-officiers les préoccupa
particulièrement ; on chercha à la relever par tous les
moyens, surtout en les chargeant de tenir les contrôles
de leurs compagnies, de donner des renseignements
sur la conduite des soldats, et de surveiller ceux qui
seraient assez malhonnêtes pour vendre leurs effets.

Le bien produit par ces comités donna l'idée de gé-
néraliser tout à fait l'institution. On profita pour cela
de la fondation en Hollande d'une société de secours
appelée comité de la Croix-bleue, dont le comte de
Wodzinski fut nommé représentant en Allemagne. Celui-ci, par une lettre circulaire, déclara qu'il n'enver-
rait de secours qu'aux comités d'officiers régulièrement organisés. Les meilleurs résultats devaient être
attendus de cette mesure. Mais on était alors à la fin de
janvier ; le zèle des souscripteurs fut arrêté par l'annonce de la paix, qui faisait croire à un rapatriement
prochain des prisonniers, et les choses en restèrent là.

Il n'y eut pas à Spandau de comité proprement dit,
ou du moins ce que nous essayâmes de former à la
suite de la circulaire Wodzinski ne put rendre de services. Mais quelques officiers s'étaient déjà entendus
pour se partager la besogne, dresser des listes et pré-
sider aux distributions, lesquelles avaient généralement lieu au presbytère, comme je vais l'expliquer :

Spandau possède un temple protestant et une église

catholique. Celle-ci est desservie par un archiprêtre dont le pouvoir ecclésiastique s'étend sur une vaste circonscription, où l'élément catholique est assez disséminé. C'était alors le curé Hanel. Porté d'une grande affection pour les Français, mais absorbé par ses occupations, parlant imparfaitement notre langue, on conçoit qu'il ne pouvait subvenir aux besoins religieux de 5,000 soldats, quand ce n'eût été que les deux ou trois enterrements qu'il y avait presque chaque jour. Et ce cas se représentait par toute l'Allemagne. C'est ainsi qu'un essaim de prêtres catholiques, français et polonais, arrivèrent comme auxiliaires et furent établis avec le titre d'aumôniers des prisonniers. J'ai dit que plusieurs eurent maille à partir avec la police, qui les accusait, à tort ou à raison, de faire de la politique. Il est vrai que, par contre, un de mes camarades, à l'hôpital de Sarrebruck, dut imposer silence à un ministre protestant, qui prêchait aux blessés prussiens une véritable guerre sainte. Quoi qu'il en soit, nous reçûmes pour notre part à Spandau un carme bien connu du clergé français, le père Hermann. Il y rendit les plus grands services, soit par son caractère plein de tact qui lui acquit auprès du général une véritable influence, soit par ses nombreuses relations dont il obtenait des secours matériels considérables. Nous nous entendîmes bientôt avec lui pour la direction de notre petit monde militaire. Hélas ! il périt victime de son dévouement, emporté par la petite vérole qu'il prit à l'hôpital en soignant nos malades ! C'était un juif converti ; son véritable nom était Cohen ; il était bon musicien, élève de Litz dont il était resté l'ami. Il avait beaucoup connu George Sand dans sa jeunesse. Enfin il s'était fait une réputation comme prédicateur. Avec cela, homme du monde. Cette vie accidentée avait donné à son intelligence une largeur de vues, à son esprit une souplesse, à sa conversation un relief peu ordinaire. Nous l'aimions tous beaucoup, et il laissa de grands regrets. Ce deuil arriva dans le mois de janvier. Après sa mort, le digne curé Hanel résolut de continuer sa tâche et ne s'épargna point. L'autorité prussienne ayant pris l'habitude, depuis la Noël, de laisser des compagnies entières se rendre au presbytère, c'est là que nous opérions toutes nos distributions, pour éluder les difficultés qu'on trouvait dans les camps.

La question de la chaussure était la plus difficile et ne fut jamais bien résolue. Au mois de janvier, un Suisse, M. de Loïs, agent du gouvernement français, imagina d'établir à Spandau un atelier de saboterie qui aurait fourni non-seulement les prisonniers de cette localité, mais, s'il y avait moyen, ceux de tout l'empire. Or, le sabot est un meuble inconnu en Allemagne, car on ne peut décorer de ce nom les grossières semelles de bois dont se servent les paysans. Il fallut faire venir les instruments de Belgique et de Hollande; puis obtenir les autorisations nécessaires du gouvernement prussien qui opposait mille difficultés. En février, M. de Loïs parvint à monter au camp de Spandau un atelier de dix-huit ouvriers auxquels il fournissait les bois et payait une solde, et dont l'ouvrage excita l'admiration générale. Quand le gouvernement prussien vit que l'entreprise marchait si bien, il élimina le fondateur, se substitua à lui, et mit un officier prus-

sien à la tête de l'atelier. Cet officier trouva tout naturel d'employer le travail de ces pauvres gens à son profit,
et d'offrir ces sabots en présents à tous les personnages
de Spandau et de Berlin auxquels il désirait faire sa cour.
Il en envoya jusqu'à l'Impératrice-Reine.Il a chez lui un
assortiment complet de sabots de toute formes et de
toutes grandeurs. Quand il eut fini, l'atelier fut dissous,
au mois de mars. A cette époque on comptait en magasin
quelques centaines de sabots, faible produit de la
grande entreprise de M. de Loïs, et qu'on ne distribuait pas à nos soldats, je ne sais pour quelle
cause.

L'intérêt que la France portait aux prisonniers
d'Allemagne se traduisit par une mesure financière que
le délabrement de nos affaires ne nous permettait pas
d'espérer, et qui fut saluée par beaucoup d'entre nous
comme une générosité.

Aux termes de nos règlements militaires, les sous-
officiers et soldats ont droit, à l'expiration de leur captivité, à deux mois de la solde de campagne. Cette
solde est, pour les soldats, de 25 centimes par jour ;
pour les sergents, de 80 centimes. Chaque soldat aurait
donc dû toucher, à son retour en France, 15 francs, et
chaque sergent 40 francs. Le gouvernement français
s'entendit avec le gouvernement anglais, pour que celui-ci effectuât de suite ces payements. Ce fut la maison
Bleischrœder, de Berlin, correspondante de la maison
Rothschild, qui fournit les fonds. M. Dering fut chargé
de ce service, et Dieu sait le mal qu'il dut se donner !
400,000 hommes à payer sans aucune administration
intermédiaire ! M. Dering avait eu l'idée d'employer à

cet effet les officiers français, mais la chose ne fut possible que dans de rares localités, par le mauvais vouloir
des autorités prussiennes. On conçoit, en effet, que les
officiers ne pouvaient consentir à apposer leur signa-
ture au bas d'un état de solde, qu'à la condition de
faire eux-mêmes le recensement des hommes et d'effec-
tuer eux-mêmes les payements. Pour la solde, comme
pour l'habillement, comme pour tout, c'était toujours
entre les Prussiens et nous la même discussion. « Vous
ne pouvez arriver, leur prouvions-nous, à administrer
sagement vos prisonniers, qu'en nous confiant les détails de cette administration. » Mais ils en avaient trop
de peur, et eussent préféré les laisser périr de froid et
de faim. D'un autre côté, les dépêches de M. de Chaudordy à lord Loftus, donnaient à entendre que la solde
serait payée, non-seulement pour deux mois, mais
pendant toute la durée de la captivité. Et lord Loftus,
averti par quelques officiers de l'irrégularité de cette
mesure, et justement effrayé des sommes énormes
qu'elle ferait dépenser, demanda plusieurs fois des
éclaircissements. Il résulta de ces complications que les
payements furent très-irréguliers. Dès que les soldats
eurent commencé à palper l'argent, ils s'imaginèrent
comme toujours, que cela leur était dû, et au premier
retard, ils réclamaient leurs thalers sur tous les tons, in-
sinuant, comme toujours aussi, qu'on les volait. En définitive, dans certaines garnisons les soldats n'ont, en
effet, touché que 15 francs, ou 4 thalers; dans d'autres,
beaucoup plus; dans d'autres, rien du tout; et je ne
sache pas qu'il existe un moyen de contrôle ni de véri-
fication.

Le gouvernement français fit pour les officiers ce qu'il avait fait pour la troupe ; mais là, du moins, il ne perdit pas un sou. En effet, les règlements attribuent à l'officier une solde de captivité, qui lui est payée à son retour, et qui est, pour le sous-lieutenant, de 75 francs par mois. Par l'entremise de M. Dering, on nous paya la différence entre ce que nous allouait le gouvernement prussien et la solde qui nous est due par le gouvernement français.

. La solde prussienne étant de quarante-cinq francs par mois pour les sous-lieutenants, ce fut trente francs par mois que leur distribuait l'ambassade anglaise. Et de même pour les autres grades. Les états de paiement ont été parfaitement tenus, et à notre retour en France, le gouvernement français nous décompta, dans le paiement de notre solde de captivité, les avances qu'il nous avait faites en Allemagne. — Nous lui avons été bien reconnaissants de cette mesure, sans laquelle nous ne savons vraiment comment on aurait pu vivre.

Quelles étaient les occupations de nos soldats ?

En dehors des corvées de diverses sortes, telles que construction des baraques, nettoyage du camp, déblaiement des routes et voies ferrées, etc., il leur restait de longs loisirs qui déterminèrent l'éclosion d'une foule d'industries. Les uns, à l'aide d'un couteau et de quelques éclats de bois, fabriquaient des moulins, des bateaux, qu'ils vendaient aux visiteurs. D'autres achetaient des bourses, qu'ils recouvraient d'une broderie de perles et revendaient ensuite. D'autres encore montèrent un atelier de découpage en bois. Les sabotiers, quand M. Bœhn leur en laissait le temps, sculptaient des sabots-bijoux qu'on s'arrachait. Avec le produit de ces travaux multiples, les soldats amélioraient leur ordinaire et se procuraient de l'eau-de-vie trop souvent, mais aussi des aiguilles, du fil et du savon. Cette ingéniosité, ce ressort de l'esprit français ne cessaient d'étonner le population allemande. Mais au-dessus de tout brillaient deux créations éminemment curieuses : le journal et le théâtre.

Le journal fut fondé par Mouzin, soldat, dans les casemates de la citadelle. Il était illustré et paraissait toutes les semaines. On le lithographiait en ville, après que le général, exerçant les fonctions de censeur, avait donné son approbation. Il s'appelait le *Prométhée*. Commencée en janvier, la publication s'arrêta à la fin de mars : il ne parut donc que 8 ou 10 numéros. A vrai dire, ce journal ne présente rien de transcendant ; mais la bizarrerie de son existence lui donna une vogue extraordinaire : On en vendit des numéros jusqu'à Londres et Saint-Pétersbourg.

Le théâtre fut fondé à la fin de décembre dans une baraque inoccupée du grand camp. Il comprenait environ 30 sociétaires, acteurs, musiciens, ouvriers, qui se partageaient chaque soir les bénéfices suivant un prorata fixé par un règlement. Un fourrier fut machiniste, un autre fourrier était le régisseur, un sergent était le trésorier, un musicien de 1re classe chef d'orchestre, un caporal, garçon d'accessoires, un autre caporal coiffeur-costumier, un soldat blanchisseur, un brigadier d'artillerie décorateur. Bien des théâtres de province ne sont pas organisés comme celui-là. On jouait des petites pièces, on chantait des romances ; l'orchestre, composé de huit musiciens, se faisait entendre dans les entr'actes. Naturellement des militaires remplissaient les rôles de femmes, comme au temps de Shakspeare.

Trois jeunes caporaux bien rasés, bien pomponnés, donnaient suffisamment d'illusion. Pour les costumes, les officiers qui avaient des connaissances à Berlin se mirent en campagne. Les ambassadrices envoyèrent leurs robes vieillies, montantes ou décolletées, et dépouillèrent leurs maris d'habits noirs et de gilets blancs démodés ; on donna des chignons, des corsets, des chemisettes, des rubans, des fleurs, des pierreries fausses, des gants à cinq boutons, des jupons à longue traîne, même des tournures. Jamais la ville de Spandau n'avait contemplé dans ses murs des toilettes aussi éblouissantes que celles qui parurent sur cette merveille de petit théâtre. Il eut un succès fou. Le *Times* en donna des comptes-rendus. Au parterre se retrouvait toute cette brillante et généreuse société dont j'ai déjà donné les noms : M. et Mme d'Arapow, le comte et la comtesse de Bylandt, M. et Mme Dering, le comte de Wodzinski avec Mme et Mlle de Wodzinska, et bien d'autres encore, le comte et la comtesse de Kotzebue, le comte Mourawief, le prince Gortschakof, fils du chancelier ; le baron de Kœnneritz, ambassadeur de Saxe, et la baronne de Kœnneritz qui est Russe ; le ministre de Suède, enfin tous les Français ou étrangers de Berlin. On ne pouvait entrer qu'avec un permis du général, ce qui conservait à ces réunions leur caractère privé et militaire. Il disait lui-même : « Quand le soldat s'amuse, il ne songe pas à mal faire. » Et en vertu de ce principe, il favorisa les travaux et les plaisirs de nos soldats. La troupe théâtrale avait des frais considérables, car elle faisait bien les choses. Pour se récupérer, elle tarifa les places de telle façon que tandis que les soldats français pouvaient entrer pour un groschen, les officiers en devaient payer cinq, et les étrangers dix. Les personnes que je viens de nommer donnaient plus largement, heureuses de trouver ce prétexte pour faire une charité. Mais les Allemands que la curiosité avait attirés, invoquèrent l'autorité du général pour faire diminuer le prix des places. Ces gens-là n'étaient pas loin de considérer les prisonniers comme leur chose, et tout ce qu'ils produisaient comme leur appartenant. Leurs prétentions, leur lésinerie, leur arrogance étaient le sujet de débats continuels.

Néanmoins, l'espérance d'attirer une grande foule, l'appât d'un gros bénéfice, les bravos mêmes dont on les avait comblés, troublèrent le cerveau de nos artistes, qui se mirent en tête, au mois de mars, de donner une représentation en ville. Aussitôt que les officiers connurent cette déplorable résolution, ils déléguèrent trois d'entre eux qui, pénétrant d'abord dans le camp, tâchèrent de ramener les hommes au sentiment de leur devoir, et n'y ayant pas réussi se rendirent auprès du général, et s'adressant à son honneur militaire, lui exposèrent que nous restions quand même et toujours les chefs de nos soldats, les gardiens de leur dignité, et que nous nous opposions à un tel oubli des convenances. Qu'ils s'amusent entre eux, qu'on vienne les voir chez eux, soit! mais qu'ils n'aillent pas, comme des pîtres, au-devant de leurs vainqueurs, quémander des thalers pour des éclats de rire. Et le général nous donna raison, et il refusa son consentement à la représentation.

Ce fut le dernier acte important des Spandaunisés, comme nous nous appelions. Dans ce mois de mars, la moitié des officiers partit à ses frais ; vingt ou trente jours après, l'autre moitié fut rapatriée par le gouvernement prussien.

Le général von Streit s'est montré plus galant homme que la plupart de ses collègues. A Wittemberg, à Coblentz, en d'autres lieux encore, on vit, malgré toutes les réclamations de leurs chefs, des soldats français donner des concerts ou des représentations jusque sur le théâtre de la ville, jusque sur la place publique. Bien plus, un cordon de sentinelles prussiennes empêchait de pénétrer jusqu'à eux les officiers français dont on craignait les vives et énergiques réprimandes.

Ne semble-t-il pas que le mot d'ordre secret de la politique prussienne était la destruction de toute discipline, afin de renvoyer l'armée française aussi affaiblie moralement que physiquement? Mais en dépit de quelques faits regrettables, le machiavélisme de nos ennemis a été impuissant. Contemplez ces soldats revenus du fond de l'Allemagne. Rassemblés en régiments provisoires, encore souffrants de privations cruelles, à peine relevés d'un joug humiliant, le cœur tout entier au désir de revoir leur famille et leur village, ignorant leurs chefs et s'ignorant les uns les autres, ils ont cependant donné contre Paris un des plus vigoureux coups de collier qu'on ait jamais vu. Dès qu'ils se sont senti les coudes, qu'ils ont revu les uniformes aimés, la grande idée de la patrie les a subitement pénétrés, et tout à coup ces caractères se sont redressés, et ils ont marché d'un pas terrible au secours de la civilisation attaquée. Ce magnifique résultat est dû à la lutte incessante que les officiers ont soutenue au milieu de leur captivité pour arracher leurs soldats à la misère et à la dégradation. Alors même qu'ils semblaient ne pas réussir, ils jetaient cependant dans les esprits un germe d'honneur, de solidarité, de respect, de discipline, qui a porté ses fruits. Nous avions aussi là-bas, nous les non-combattants, notre tâche patriotique, sérieuse et ardue ; nous n'y avons pas failli, et nous pouvons rentrer la tête haute, comme des gens qui ont bien fait leur devoir !

Le 7 avril, je dis adieu à Spandau.

Déjà un certain nombre de mes collègues étaient partis sur les vaisseaux que le gouvernement de Versailles envoya à Hambourg, afin de rassembler rapidement un corps d'armée pour réduire l'insurrection communiste. Mais beaucoup durent rester longtemps encore en Allemagne, et les derniers ne rentrèrent en France qu'au mois de juillet. Il semble que le gouvernement prussien ne nous lâchait qu'à regret. Il avait pris goût à cette déportation de la France en Allemagne. Dans le mois de février, on avait évacué tous les prisonniers de la Prusse rhénane dans les petites localités du fond de l'Empire, afin de faire de la place pour l'armée de Paris qu'on espérait bien amener à son tour. La paix ayant été conclue, il fallut pourtant se séparer de nous, mais ce ne fut pas du moins sans nous extorquer notre argent par tous les moyens. Au mois de mai, au mois de juin, les officiers et les soldats payaient encore leur voyage. A Memel, qui est la ville la plus éloignée, on demandait aux soldats 5 thalers ; quand ils ne les avaient pas, on marchandait et on faisait prix à 3 ou 2 thalers. Mais quand ils avaient davantage, la rapacité allemande ne connaissait plus de bornes : à Spandau, les soldats ne purent pas partir à moins de 15 thalers ! Pour les officiers, la somme exigée était généralement 30 thalers. Beaucoup d'abord s'obstinèrent à rester, et puis, de guerre lasse, vaincus par l'ennui, payèrent tout ce qu'on voulut. Très-peu, en définitive, quelques centaines, sont rentrés aux frais du gouvernement prussien. Par quel miracle ceux de Spandau furent ils compris dans cette catégorie dès le mois d'avril ? C'est ce que je ne pourrais dire. A moins qu'on ne nous ait trouvés gênants, et qu'on ait été bien aise de se débarrasser de nous au plus vite.

Le même chemin de fer qui m'avait amené me remporta en France. Je revis en passant Magdebourg, Brunswick, Hanovre, Minden, Essen et les fonderies Krupp, Dusseldorf, Cologne et sa cathédrale, Bingen, Sarrebruck, point de départ de cette odyssée étrange et inattendue, et enfin Metz, hélas ! Metz prussien !...

Retrouver les casques à pointe sur le sol français fut bien dur : mais surtout quand nous eûmes dépassé la Lorraine. Dans cette province du moins, le patriotisme était ardent et à l'unisson du nôtre. Les paysans, sur notre passage, nous criaient « vive la France ! » à la barbe des soldats prussiens. A Metz, à Nancy, à Lunéville, les femmes étaient en deuil, et on laissait les musiques militaires jouer solitairement sur les grandes places désertes. Mais à mesure que nous nous rapprochions de Paris, nous fûmes surpris de voir la promiscuité de la population avec ses conquérants. Etaient-elles donc justifiées les vanteries de la presse allemande disant que les Françaises n'aiment que les vainqueurs, que les grandes dames réfugiées à Versailles étaient venues patiner avec les officiers prussiens sur la pièce d'eau des Suisses, et qu'il n'y avait pas de ville où quelque mariage international n'eût été contracté ?... On va me trouver bien chauvin. On va me comparer au vieux grognard qui chante « Pauvre soldat prisonnier des barbares ! » Mais enfin n'est-il pas vrai que, dans cette guerre, les Prussiens ont ressuscité des procédés qu'on croyait abandonnés de toutes les nations civilisées ? qu'ils ont substitué au duel de deux armées la guerre de deux races ? qu'ils ont annoncé hautement leur parti pris de ruiner et déshonorer la nation française ? Tandis que, dans nos écoles, on enseignait que le bombardement, les réquisitions et les otages sont les débris d'un âge de barbarie, des pratiques épouvantables, auxquelles il n'est plus permis d'avoir recours que dans des cas d'une nécessité exceptionnelle, les Prussiens ont employé ces atrocités sur une si large échelle, qu'on se demande si ce n'était pas là pour eux, non le moyen mais le but même de la guerre. Est-ce ainsi que nous nous sommes conduits à Sarrebruck ? N'est-il pas vrai que la déclaration de guerre, si inopportune, si folle dans les circonstances où nous nous trouvions, était éminemment politique et juste en principe, et que l'événement nous a prouvé que nous avions en effet tout à craindre d'un pareil voisin? Et si tout cela est vrai, si en ce moment le peuple allemand n'éprouve d'autre regret que de ne nous avoir pas suffisamment écrasés, comment y a-t-il des Français assez dénués de cœur, assez dénués du sentiment de solidarité qui doit unir toute la race contre cet ennemi commun, je dirais assez dénués de bon sens, en un mot assez lâches et assez bêtes pour leur tendre la main et les traiter en amis!!..... Mais encore dernièrement n'a-t-on pas vu les regards d'oiseau de proie avec lesquels ils couvaient la lutte entre Paris et Versailles? N'a-t-on pas entendu leurs cris d'espoir dans une intervention qui leur permettrait de réparer le mauvais effet produit en Allemagne par leur piètre entrée dans Paris?... N'a-t-on pas connu leur désappointement et leur chagrin après le succès foudroyant de l'armée régulière? — Hélas! qu'auraient-ils fait de plus que les communistes?

Prussiens et communistes tempéraient singulièrement notre joie de rentrer en France. Aussi nous n'éprouvâmes pas ces transports que les revirements de la fortune allument naturellement dans des cœurs rongés par tant de douleurs et tant d'aspirations pour la patrie. Ce n'est qu'à la longue que nous pûmes savourer le bonheur de vivre librement au milieu de nos concitoyens. Nos oreilles gardaient si bien le souvenir de l'affreux langage auquel elles s'étaient habituées, que, chaque fois que j'entendais un chien aboyer, je me retournais pour lui crier «Wass? (Quoi?)» croyant que c'était un Prussien qui parlait. Enfin, réfugié à mon régiment, dans un pays qui ne les avait pas vus, il me sembla que, pour la première fois, je respirais à pleine poitrine. Tous les mauvais souvenirs s'éloignent, grâce au Ciel. Mais ce qui ne s'affaiblira jamais, c'est la résolution chaude et persévérante d'une revanche nécessaire; c'est la conviction de sa possibilité, si nous savons profiter de nos revers pour nous donner l'organisation puissante qui seule nous a fait défaut.

PARIS. — IMPR. DE DUBUISSON ET Cᶜ, 5, RUE COQ-HÉRON.

BIBLIOTHEQUE NATIONALE DE FRANCE
3 7531 00272889 8